社會人文⑥⑤

封面繪圖／小魚
封面構成／陳敏捷

惜緣

王端正　著

鬱鬱黃花皆般若

序

釋證嚴

寫一本書不易，出一本書不難，但無論難、易，都不重要，重要的是對這本書如何「心領神會」。

人世間紅塵滾滾，由於生活環境、文化背景、教育程度等的不同，在觀念與意識形態上總是千差萬別，於是關心社會現象的人就要喟歎「世風日下，人心不古」了。

其實「世風」何曾日下？「人心」何曾不古？千百年來，「世風」還是「世風」，「人心」還是「人心」；至於古與不古，日下或日上，端在每一

個人「心」的作用上。

所謂「青青翠竹，總是法身；鬱鬱黃花，無非般若」，這是「心」的作用。禪師們說：「心生一切法生。」所以凡是「解道」的人，都能體會「行住坐臥，無非是道」；「悟法」的人，都能了解「縱橫自在，無非是法」。

藉世法詮佛法

《惜緣》這本書是王端正居士投入「慈濟」志業後的第二本書，就像他的第一本書《月映千江》一樣，文風仍保持簡鍊，思路仍然維持曉暢；所有文章不論長文或短篇，都以尊重生命、肯定人性、關懷社會為立論點，頗能藉世法詮佛法，依俗諦明真諦，啓發人心向上、向善，傳承「慈濟」的一貫理念。

現代人最需要的是豁達的人生觀、開闊的國際觀與慈悲的宇宙觀。讀者在讀這本書的時候，如能心領神會這點，必然會有受用。

書中雖然說的大都是「慈濟」的人與事，「慈濟」的精神與理念，但是

他言所當言，信所當信，不畏俗議，不隨時變，這是我樂於作序的原因。

「說一尺，不如行一寸；坐而言，不如起而行」，談幽說玄，總不如力行實踐來得踏實。在很多次的談話中，我知道王居士對陶淵明的著作有所偏愛，他常舉陶淵明：「人生無根蒂，飄如陌上塵；分散逐風轉，此已非常身；落地為兄弟，何必骨肉親」的詩句，來詮釋「海內存知己，天涯若比鄰」的道理，並把這個道理落實在行住坐臥的日常生活中。只有解行並重，才算真正「解道」與「悟法」。

「道」是可望，也可及的，但「道」不行不至，只有靠不斷的力行實踐，才可以達成，也才有價值。否則談空說玄，充其量只是「蒸沙作飯」，於道無補。

天下文化公司願意出版這本「慈濟人談慈濟事」的書，不僅作者感恩，證嚴也相當感恩。我常說：「知福、惜福、再造福；知緣、惜緣、結好緣」，今天大家能夠因書結緣，就應當珍惜這份因緣吧！

序

長情與大愛

高希均

（一）

讀到王端正先生的上一本書：《月映千江》，還是最近的事。細讀之後，真是愛不釋手。讀後才知道這位慈濟慈善與文化事業的推動者，曾擔任過中央日報最年輕的總編輯。這就足以解釋為什麼他有那麼好的文采與那麼好的文思。

近年來，由於閱讀星雲大師著述的得益，開始留意一些闡述佛教與人生

的文章。王端正先生這本《惜緣》，在沒有出版前，就先讀到。我相信這本最新文集會是大家得益的一本好書。

（二）

在這個「貪婪之島」上，太需要每一個人來一起鼓吹感恩、惜福、關懷、奉獻，這也正是慈濟人所追求的。作者對慈濟人另有一番生動的描繪：知足、歡喜、自在、謙和。如果大家都有這樣的胸懷，台灣就會換上一個新的稱呼：「奉獻之島」。

作者在書中提倡的一個重要理念，就是長情與大愛。「談情要談長情，說愛要說大愛。」他引述：「天上最美是星星，人間最美是溫情。」

在長情大愛中，對天下蒼生的關懷不分國界、不論種族。尤其當大陸在一九九一年秋天發生澇害後，慈濟的賑災活動「所動員的人力之多，所花費的心力之深，所投入的物資之大，所濟助的範圍之廣，所受益的人口之眾，

都是史無前例」。這種台灣情、中國心的同胞愛令人感動。

貫穿全書的是「春種一粒粟，秋收萬顆子」的濟助蒼生的情懷。這個情懷是實踐、是奉獻、是推廣。作者說得透徹：佛教是用來做的，不是用來說的；佛經是用來行的，不是用來念的。

（三）

從佛理引申出來的很多做人做事的道理，可以使每一個人受用不盡。例如：

- 只要路正，不怕路遙。
- 不為自身求安樂，但願眾生得離苦。
- 有心就有福，有願就有力。
- 尊重別人，就是莊嚴自己。
- 不要比誰怕誰，應該比誰愛誰。

不論信不信教，都怕說教。這本闡述佛教哲理與人生的文集，讀後不僅沒有說教的感覺，更有獲益的喜悅與內心的共鳴。

我特別要向同我一樣還沒有宗教信仰的讀者推薦。好書是沒有信仰界限的，正如人間的長情與大愛一樣。

（本文作者為天下文化出版公司創辦人暨社長）

百重雲水萬里煙

自序一

王端正

有人問禪師：「百川歸大海，不知大海之流歸何處？」禪師回答：「五湖四海千江水，總屬曹溪一脈通。」「曹溪」，是六祖慧能禪師講經說法，弘揚禪門的地方，由於慧能禪師對禪宗的偉大貢獻，後人常以「曹溪」一詞做為禪宗法脈的泉源與代表。瞭解這層淵源，就不難瞭解禪師這句答話所要表達的意義與內涵了。

其實禪宗一向強調：「不立文字，教外別傳，直指人心，見性成佛。」對於語言文字，禪宗向來不十分重視，甚至有「言語道斷」之說。但奇怪的

是，歷代禪宗所留下來的「禪門公案」又多得不勝枚舉，豈非令人費解？

禪宗所以不重視語言文字，是認為「文字性空」；也就是說，禪宗認為語言文字有如空花水月，不具有真實感。這和現代語言學家所說的「語言文字只是一種符號的象徵過程，而非事實的本身」的觀點，不謀而合。

雖然「文字性空」，但用來做為「指月」的指，「渡河」的筏，也自有其神機妙用。

然而，「以手指月」，目的在月，不在指；「以筏渡河」，目的在渡，不在筏。如果有人錯把手指當月亮，誤將船筏看成渡，那就捨本逐末，一誤千差了。

瞭解「文字性空」的道理，我們就不會執著於文字的好壞與對錯；瞭解文字的「指月」功能，我們就會重視文字背後所要表達的真正內涵，與其直指的真正目的。

《惜緣》這本書是由兩部分文字結集而成。其一部分是作者近年來發表於

慈濟月刊的社論；另一部分是作者的一些演講稿。不管是社論短文或講稿長篇，所要表達的都是慈濟的理念與作為；所要強調的也是慈濟的理入與行入。

而本書之所以用《惜緣》命名，是因為三千大千世界，一切因緣生、因緣聚、因緣成、因緣滅。在緣起緣滅的過程中，相聚就是有緣，相聚就應惜緣。今天能夠以文字和大家結緣，自有一段不可思議的因緣，這段因緣當珍當惜，所以我們就以「惜緣」相提醒吧！書名雖然俗了點，總在表達作者的一番心意。

社論短文是跟著慈濟志業的躍動而落筆，所以每篇短文之後都會記上日期，旨在幫助讀者在閱讀的同時，能尋得慈濟志業發展過程的蛛絲馬跡。

至於講稿長篇，也因演講的場合與聽眾的不同，文字表達的方式也做了些調整，目的在充分反映當時的社會脈動與實際需要。

古人說：「聽靜夜之鐘聲，可醒夢中之夢；觀澄潭之月影，足見身外之

身。山河大地已屬微塵，而況塵中之塵？血肉身軀且歸泡影，而況影外之影？」其實，只要正知自在，歡喜力行，哪裡會有絲毫的塵土之氣？哪裡會去想身外之身，影外之影？歡喜自在，正知力行，不正是佛教徒追求的目標，慈濟人散發在外的特質嗎？本書所要闡述的旨趣在此，所要表達的情意也在此。

于一九九五年四月八日

惜緣

目錄

【行菩薩道】

【利濟眾生】

【善化天下】

下卷

上卷

心蓮萬蕊朵朵開

稟承佛陀「慈悲喜捨」的四無量心，
萬千慈濟人自期為菩薩的千手千眼，
致力於「濟貧教富」、「拔苦與樂」的志業。
正如出水的萬朵香蓮，
慈濟人播散著無際無涯的長情大愛，
成為擾攘人間最美、最動人的一方景致。

春回大地報君知

「春風又綠江南岸」是王安石的名句。這句詩句所以令人激賞，全在「綠」字。因「綠」之一字，詩的意境全出，人的眼界始闊。

「綠」，可做爲形容詞用，也可做爲動詞用，但不論形容詞或動詞，都給人有欣欣向榮的感覺；有「春回大地報君知」的喜悅，有「枯木逢春迎新生」的感動。春風把經過嚴冬肆虐的死寂「江南岸」綠化了，帶活了一片生機，綠意盎

然，這就是這句詩的可貴之處，也是歷代詩評家欣賞的地方。「春風又綠江南岸」必在冷冽的嚴冬之後，農曆新年就是冬去春臨的分界線。

中國人對農曆年的重視，數千年如一日，因爲它是「冬」的終點，「春」的起點，所以習慣上我們都稱它爲「春節」，也就是「春回大地」的季節。

把握新生

時間流轉，四季推移，「春節」就是四季推移的起步，它代表著多重的意義：第一、它代表「絕處逢生」的欣喜，人們忍耐過寒冬的冰封之後，能夠再度沐浴於煦煦的春風裡，當然會有「山重水複疑無路，柳暗花明又一村」的喜悅；第二、它代表新的希望，「過去種種，譬如昨日死；以後種種，譬如今日生」，往事不堪回首，何必苦苦眷戀？把握新生，人生才會更具內涵。

因此，在新的一年開始，除了向大家道聲「恭賀新禧」外，也希望大家時時保持「春風又綠江南岸」的喜悅與輕安。

證嚴上人在新委授證暨年終委員聯歡會中，再次強調新春三願：

一、不祈求事事如意，只求有充分的勇氣與毅力。
二、不祈求身體健康，只求智慧明敏，精神充足，愛心永具。
三、不希望減輕負擔，只求有更大的力量肩負更多的責任。

上人的這新春三願，總歸起來說就是「不爲自身求安樂，但願眾生得離苦」，這正是佛陀的悲心、菩薩的本願。

歡度了春節，家家戶戶「春滿乾坤福滿門」的春聯，朱紅猶新，這都代表著相互的祝福與期許。

惜福感恩

其實，祝福是不夠的，必須要惜福。能惜福，必能少欲知足，福分自然無際無涯；期許是不夠的，必須要感恩。能感恩，則能嚴律己，寬待人，煩惱自然能

除，無明自然能斷。所以惜福與感恩，關懷與奉獻，是永保春風滿面、歡喜自在的靈丹妙藥，我們就以此爲新春的願望吧！

「終日尋春不見春，芒鞋踏破嶺頭雲，歸來偶把梅花嗅，春在枝頭已十分。」春已經在枝頭上了，不必躊躇，也無庸懷疑，把握現在，跟著上人的腳步昂首邁進，淨土人間就在眼前，又哪在乎嚴寒的冬天！

一九九二年四月

人間重晚晴

兩千多年前，我們的老祖宗就把理想社會的藍圖，勾畫在《禮記》〈禮運篇〉裡頭。其中最動人的是：「人不獨親其親，不獨子其子，使老有所終，壯有所用，幼有所長，矜寡孤獨廢疾者皆有所養。」

多麼溫馨祥和的社會，多麼尊重生命、重視親情、闡揚人道的社會；看了這樣的藍圖，不禁讓人心嚮往之。

人心不古

在距離我們愈來愈遠的年代裡，「不獨親其親，不獨子其子」的質樸思想，相當親切與濃郁；但隨著時序的變化、人際的冷漠，這股沁人心脾、濃郁清香的思想，愈來愈遙不可及了。什麼「老吾老以及人之老」，什麼「幼吾幼以及人之幼」，都變得只是口號，甚至即使只是口號，還要被人嗤之以鼻。世態炎涼，人心不古，令人浩歎！

確實，以今天許多人尚且不能「老吾老」，不能「親其親」的情況下，要人「以及人之老」，要人「不獨親其親」，未免強人所難，也未免徒托空言。

鑑於老人問題的日趨嚴重，有人建議慈濟「興建養老院」，使老者有所養、有所終。立意甚佳，但終非解決老人問題的治本之道。中國人講求天倫之樂，青壯年時，可以「日出而作，日入而息」，可以爲養兒育女，含辛茹苦，劬勞終生；到了老年，最大的回報就是含飴弄孫，最可貴的安慰就是親情的關懷。所以證嚴上人才會不憚其煩的力倡孝道，才會要求天下爲人子女者，善盡孝養父母的責

任。

中國人一向重視孝道，佛陀在世時對孝道的提倡也不遺餘力，一部《父母恩重難報經》清楚的揭示父母對子女的恩情如海深、似山高，非子女區區奉養所能報答於萬一。蓋再多的養老院，都不能解決老人安養的實質問題，俗語說「解鈴還需繫鈴人」，如果天下子女都能照顧好自己的父母，都能讓年老的父母在家安享天倫，則家家都是養老院，處處都是安樂屋，又何勞政府或民間社會福利團體蓋太多的老人院？何況，沒有親情滋潤的老人院，跟「老人集中營」何異？爲人子女於心何忍？

三代同堂，共享天倫

新加坡好幾年前就開始提倡三代同堂的家庭生活模式，三代同堂的理念不是新加坡所新創，三代同堂的理念是中國人原有的家庭生活方式。只是社會結構改變了，這個根深柢固的生活方式幾乎全部被連根拔起了。現在關懷人類社會何去何從的有心人士，發現三代同堂的正面價值與必要性，所以回又過頭來，重新從

事植根的工作。「禮失求諸野」，他山之石可以攻錯，新加坡能，臺灣爲什麼不能？新加坡的及時回頭，不值得我們省思嗎？

「畫說親情——三代同堂寫生造形園遊會」四月十八日即將在臺北新生公園舉行，這是臺北市社會局與慈濟共同合辦的一項親子活動，目的就是在倡導三代同堂的理念，以喚起社會各界對親情與孝道的再重視。動物都有反哺之恩，難道人不會有報親之情？

「養兒防老」的觀念固然不能有，但「尊親報恩」的作爲千萬不能無。尤其止信正念的佛教徒應有上報四重恩，下濟三途苦的認知。父母恩重實在難報，欲報父母恩就先要讓他們能安享晚年，「天意憐幽草，人間重晚晴」，晚晴的風光應該是明媚動人的呀！

一九九三年三月

學道猶如守禁城

在一片「恭賀新禧」聲中，人們用除舊心送走了嚴冬，用歡喜心迎接了春天。在這「春滿乾坤福滿門」的季節裡，萬物再度欣欣向榮，孩子再度笑逐顏開，百花再度盡情開放，小鳥再度枝頭鳴叫，社會再度充滿希望，人們再度心情開朗。

千百年來，人類社會組成總是存在著缺陷；千百年來，人類對社會存在著的

缺陷也總是不斷的詛咒與改造。其實人類社會存有缺陷並不可怕，可怕的是只會詛咒，不知改造。

有怎樣的成員，就會有怎樣的社會。社會有缺陷，正顯示組成社會的成員有缺陷；不改造組成社會的成員，反而詛咒社會，這不是倒因爲果，捨本而逐末嗎？

知足常樂

許多人總覺得我們的社會似乎缺少了什麼，所以才使得人與人之間變得相當疏遠與冷漠，相當自利與自我。世界上的人都知道「臺灣錢淹腳目」，但我們深深瞭解在「臺灣錢淹腳目」的背後，我們社會所缺少的，正是知足、感恩與造福的心。

西方哲人梭羅曾說：人生的目標應該是「簡單的生活，高度的思考」。能知足，才能過著簡單的生活。「知足」的心，就是「常樂」的心，「知足常樂」是千古不移的名言與真理。

遺憾的是，我們社會裡有太多的人過的是「簡單的思考，高度的生活」。難怪整個社會給人的感覺是「思想內涵輕浮，生活享受奢靡」。

「漢武爲帝欲作仙；石崇巨富苦無錢；嫦娥照鏡嫌貌醜；彭祖焚香祝壽年。」這樣的得隴望蜀，這樣的貪求無厭，生活上豈會不心煩？思想上豈會不膚淺？

人間最美的是感恩。有感恩的心，才能付出關懷，才能妥適處理羣己關係。一般而論，人不能離羣索居，人必須互相依賴，身上穿的、口中吃的、避風遮雨住的、以及商旅遷徙行的，無一不是相互依賴、互相貢獻心力成就的。所以我們要有感佛恩、感父母恩、感眾生恩的心。

有感恩之心，才不會諸多計較，才會打開心門、放寬心胸、豁達輕安。寒山與拾得是唐代禪僧中最富傳奇性的人物，有一次寒山問拾得：「世間謗我、欺我、辱我、笑我、輕我、賤我、惡我、騙我，如何處治乎？」拾得回答：「只要忍他、讓他、由他、避他、耐他、敬他、不要理他，再待幾年，你且看他。」這樣的寬宏，這樣的包容，社會哪會不祥和？人間哪會無溫情？

積極造福

有了知足與感恩的心，還要有造福之心。「與其詛咒黑暗，不如點燃光明」，這就是造福的心。造福的心是積極性的、建設性的，是起而行而不僅是坐而言的。「做壞事不能多我一個人，做好事不能少我一個人」，有這樣的認識，才是積極的、造福的人生觀。

古代的醫書《千金要方》曾有這樣的記載：「養生有五難：名利不去為一難，喜怒不除為二難，聲色不調為三難，滋味不絕為四難，神慮精散為五難。」養生之道在去除貪瞋癡；修心之道也在去除貪瞋癡。而知足、感恩、造福，正是對治貪瞋癡的不二良方。

黃蘗禪師詩云：「學道猶如守禁城，緊把城頭戰一場；不受一番寒徹骨，怎得梅花撲鼻香？」新年伊始，我們就以此跟大家共勉吧！

一九九三年二月

做個歡喜菩薩

中國大陸地大物博，奇人奇事亦多，以大陸賑災因緣，得識年近古稀某君。此君雖年近七十，但望之如四十許人，風度翩翩，容光煥發，若非有人道破，任何人都不相信他已是七十老翁矣！

如此奇人，不免好奇，請益養生之道。答曰：「此不傳之祕，不為外人道也。」經再三懇求，且該君受慈濟賑災義舉感動，慨然傳授「三保、四樂」。既

得「法寶」，不敢自珍，願與諸方大德及所有慈濟人共享。

養生之道無他，存乎修心養性而已。心性恬淡自適，行爲動靜一如，仰不愧於天，俯不怍於地，永保歡喜之心，履踐「身之三保，心之四樂」，能如此，豈患年華之易逝，而老之將至矣！

保護臭皮囊

「三保」者，就是保護、保健與保養，這是針對養身而言。人之大患在於有身，但人之所以爲人，也在於有身。我們的身體雖然是臭皮囊一具，可是人的良知良能，亦有賴此臭皮囊發揮，苟無此身，一切歸於寂滅，遑論修心養性了。

因此，欲使此身發揮良知良能之人生功用，必先擁有正常無恙、健康活潑、生機勃勃之身體，所以「保護」此身至爲重要，騎機車戴安全帽，開車繫安全帶，不做無謂之冒險，不做戕害身心之事，「身體髮膚，受之父母，不敢毀傷」，保護我們擁有的身體列爲第一要務。

擁有此身體後，必須使其健康，故「保健」就成爲第二要務。健康的身體，

要靠平常的運動，也要靠正常良好的生活習慣，例如喝酒傷肝，抽菸傷肺，吃檳榔傷口，淫逸傷神，賭博身心具傷，都應戒除，運動加良好生活習慣就是保健良方。

身體健康後還要懂得保養，保養必須由內而外，決非靠護膚乳或保養霜可以做到。保養除了須攝取適量的營養外，常保身心愉快至爲重要。煩惱最傷身，一夕白髮的故事，史有明文。心情愉快，每天歡歡喜喜，就是最佳的保養劑，有人說慈濟委員看起來永遠是那樣年輕有氣質，這是因爲她們每天都擦了「慈濟面霜」。什麼是「慈濟面霜」呢？就是慈善布施、知足、感恩、善解、包容的那股歡喜心。

有了「三保」還要加上「四樂」。「四樂」就是：生活要「知足常樂」，做人要「助人爲樂」，工作要「苦中作樂」，情趣要「自得其樂」。貪瞋癡是人生三毒，知足才能戒貪，而少欲才能知足；知足就可常樂，常樂就是生命的活泉。

結好緣，種善因

惻隱之心人皆有之，是人性、是佛性，也是天性；解人疾苦，救人災難，是順乎天、應乎人、力行佛道之事，何況助人為快樂之本，結好緣、種善因，心情自然愉快，心情愉快自然能常保青春。

此外，每個人都能發揮良能，要發揮良能當然就必須工作，而工作必然有甘、有苦、有順、有逆，但不論是甘苦或順逆，如果能有「苦中作樂」的認知與作為，自然能化苦為甘，轉逆為順。

最後是休閒生活，應「自得其樂」，哪怕是練書法、學繪畫、嗜茶藝、習花道、登山健行，只要是正當和有益身心的休閒生活，都能自得其樂，就能從中體認淡泊明志的真義。

這是養生之道的「三保」與「四樂」，如能從中受用，就能做個歡喜菩薩了。

一九九二年十月

宋老菩薩的心靈世界

提起「樂生療養院」的宋金緣老菩薩，差不多所有的慈濟人都耳熟能詳。凡是見到宋老菩薩的人，也差不多都會生起歡喜之心，從內心流出敬意。

宋老菩薩乃七十多歲的老人家，是位痲瘋病患；十七年前，因併發症導致雙目失明，四十多年來她的活動空間，就局限在「樂生療養院」。

在一般人的心目中，像這樣一位際遇堪憐的老人，一定會把她想像成悲觀消

極、自怨自艾、怨天尤人的醜陋老者。

事實上，宋老菩薩眼盲心不盲，人老心不老，貌醜心不醜，身病心不病，塵煩心不煩；是位樂天知命，心智圓澈，大慈大悲的長者。

宋老菩薩與慈濟結緣，是十多年前的事了。每次證嚴上人造訪「樂生療養院」探望宋老菩薩與院友，總會讚歎那是「超越人間天堂的地方」，否則怎麼可能居住了那麼多的菩薩，尤其像宋老菩薩這樣的大菩薩。

綻放心蓮萬朵

宋老菩薩發心喜捨的故事，早在慈濟世界中廣爲傳誦，她賣心蓮爲慈濟醫院募集建院資金的義舉，不知感動多少人的鐵石心腸。「宋老菩薩能，我們爲什麼不能？」大家都這樣自問。於是朵朵心蓮就在許多人的心中綻放了。

蓮，大家都知道它出污泥而不染。詩人筆下的蓮是：「本無塵土氣，自在水雲鄉；楚楚淨如拭，亭亭生妙香。」這不正是宋老菩薩脫俗一生的最佳寫照嗎？

宋老菩薩雖然患有令人心畏的痲瘋病；居住在令人膽寒的痲瘋病院，但她那

顆清淨無染的心，不著絲毫的塵土之氣；她那分生活的安然與自在，不受世俗滾滾煩惱的影響，這種「自在水雲鄉」的寧靜，又哪裡是一般凡夫俗子所能望其項背！

令人感動的是，宋老菩薩除了有那分「出泥而不染」的智慧外，還有那分「出水而香遠」的慈悲。聖潔的智慧、圓明的慈悲，就是宋老菩薩令人心生歡喜的原因吧！

最近，宋老菩薩又從「慈濟世界」廣播節目中，得知證嚴上人正爲「骨髓捐贈」與「國際賑災」而奔走呼籲，既然發願要跟緊上人的步伐，宋老菩薩又開始栖栖皇皇，再爲心蓮的盛放而致力，這種「利樂有情」的襟懷，若非菩薩示現，何能至此。

「菩薩不捨眾生，若捨眾生，便無大悲；菩薩不離人間，若離人間，不成菩提。」宋老菩薩不捨眾生，故能在菩薩道上昂首闊步；宋老菩薩不離人間，故能在菩提路上出入自在。

苦樂只在轉念間

禪宗有這樣一則公案：

有僧問趙州：「大地平沈，虛空粉碎，汝向什麼處安身立命？」

趙州回答：「雲消山岳露，日出海天青。」

人生際遇順逆難測，順境固然愜意，逆境亦非末日。所以說：「迷，則樂境成苦海；悟，則苦海爲樂境。苦樂無二境，迷悟非兩心，只在一轉念間耳！」一念三千，三千一念，可見這一念有多重要啊！「雲消山岳露，日出海天青。」宋老菩薩的心靈世界寬廣無比，她的慈悲與智慧，清澈如海。從她身上散發出來的人格特質，能不讓人深深感動？

一九九四年一月

迷，則樂境成苦海；悟，則苦海成樂境。

才有梅花便不同

如果說我們的社會真的病了，那麼我們就要率直的指出：病源就在人心。現代的人是否真的人心不古，我們不知道；但現代的社會已經浮動不安，卻是不爭的事實。

其實，就歷史的觀點看，我們的社會何曾在浮動，而是六祖慧能禪師所說的：「人心在浮動」；我們的社會何曾有不安，而是二祖慧可禪師所說的：「人心

在不安。」

處亂世之際而有「余豈好辯哉，余不得已也」之歎的孟子，也曾經這樣說：「富歲子弟多賴，凶歲子弟多暴，非天之降才爾殊也，其所以陷溺其心者然也。」

追求物質，忽視心靈

不可否認的，我們的社會，物質生活不斷的在提升，但道德修養卻不斷的在沉淪。人們所追求的是物質的享受，所忽視的是心靈的自在。物欲日強，貪婪日熾，心靈的自在就日弱，這樣的社會焉能不百病叢生？

事實上，許多道理大家都懂，藥病相治大家也都知道，可惜「明道者多，行道者少；說理者眾，通理者寡」，口號喊多了，人心也就麻木了，哪裡還會相信這個社會光明在望！

因此，臺灣社會現存的問題，不在物質建設的有無，而在心靈建設的是否豐富；不在明道說理的多寡，而在行道通理是否落實。

文化空洞化才是我們社會隱藏的最大危機，沒有文化做內涵的經濟建設再炫麗，充其量只不過是短暫激起的泡沫而已。

英國學術之父畢德有「人生如飛燕穿堂」之喻，而我們也常有「人生如夢」之說，都是在比喻人生的短暫與匆促。

站在時間的洪流裡，有時我們確實會有「前不見古人，後不見來者，念天地之悠悠，獨愴然而涙下」的蒼涼與感慨。亙古長空，宇宙壯闊，難怪宋代大文豪蘇東坡會有「渺滄海之一粟」的感歎。

光耀的刹那

但人類的歷史告訴我們：短暫的人生也可以有豐富的內涵，就像流星劃過蒼穹一樣，雖然刹那，卻是光芒耀目，我們的古聖先賢證明了這一點；只要幡然了悟，我們也可以證明這一點。

歷史的足跡可以憑弔，但歷史的腳步不能停住，我們每一個人都是推動歷史腳步的人。歷史能留下什麼樣的足跡讓後代子孫憑弔，就要看我們這一代能夠怎

麼樣推動歷史的巨腳。

佛經上說：「心淨則國土淨。」想要我們的社會穩定乾淨，就必須先要我們的心靈自在清淨。佛陀示顯人間，是爲一大事因緣，所以說：「佛說一切法，爲度一切心；若無一切心，何用一切法？」禪心江上月，佛性水中天，佛心的清澈圓明，就像寒山詩：「吾心似秋月，碧潭光皎潔，無物堪比倫，叫我如何說？」那樣的難擬難喻。雖然如此，我們還是認爲只要人人能夠心如皎月，個個能夠自淨其意，則又何愁歷史不會爲我們烙下鮮明的印痕！

「尋常一樣窗前月，才有梅花便不同」，只要在心靈上稍作充實與調整，蒼穹明月就能爲我們這一代人的苦心孤詣做見證。

一九九四年四月

光風霽月的悲懷

「盧安達」，這個座落在非洲中部的國家，已經不僅是一個地理上的名詞，而且還是本世紀末一個人間最大悲劇的代號。

無論從電視新聞媒體的報導或實際發生的情況，把「盧安達」形容爲「人間煉獄」，並不爲過。高貴的生命在這裡飽受踐踏，人性的尊嚴在此地備受摧殘。生離與死別，痛苦與哀號，加上彈痕斑斑，斷垣殘壁，屍體遍野的景象，看了令

人心酸。

數十萬人慘遭屠殺了，生命就像芻狗般的任由挖土機推挖。數百萬人逃離家園了，骨肉流離，難民蹣跚於盧安達首都吉佳利與薩伊邊界之間，這是一幅悲慘的逃難圖，綿延數百公里的逃難隊伍，餓死的有之，病倒的有之，哭號的有之，呻吟的有之，被棄置的嬰兒到處可見；虛弱得奄奄一息，還緊抱稚子的母親的無助眼神，令人心痛；骨瘦如柴，滿臉蒼霜的老人，茫然的神情，令人鼻酸。誰無子女，誰無父母，人間浩劫若此，令人哀歎！

人禍誠可怕，天災更可悲。兵災之難未息，疾病之害踵至，成千上萬逃過屠殺浩劫的人，在霍亂肆虐、痢疾橫行及流行疫情侵襲下，仍然沒有逃過死亡這一關。缺水缺糧，缺醫缺藥，使盧安達的災難雪上加霜，兵災、病災與饑荒，讓全世界的人心驚膽顫，哪怕您是鐵石心腸，也會爲這樣的國家一掬同情的眼淚。

爲了緊急救援盧安達受苦受難、受餓受病的民眾，慈濟和總部設於法國的世界醫師聯盟攜手合作，緊急成立「救援盧安達醫療團」，號召了二十三位醫護工作人員，帶著四十噸醫療物資，租用專機從法國起飛，深入盧安達首都吉佳利，

展開第一階段救援工作。

慈濟從臺灣派往盧安達的人員包括，慈濟醫院家醫科主任王英偉與慈濟基金會祕書室徐祥明先生，他們是參與第一線救援行動中，首批來自東方的醫療工作人員。

為世界災難貢獻力量

慈濟排除萬難，主動參與盧安達人道救援工作，是基於慈悲濟世的宗教情懷與悲天憫人的人道精神。這項救援行動證明了臺灣本土的慈善團體，也能和其他國際救援團體同進同出，爲世界災難貢獻力量。

臺灣要贏得國際人士的尊敬，就必須爲國際的災難盡些心力。

臺灣人民要在國際舞臺上昂首闊步，就必須要有放眼天下的世界觀涵養。

慈濟在國際賑災這條路上走得很艱辛，但爲了宗教的情懷、爲了人道的精神、爲了盧安達的苦難人民、爲了臺灣的國際形象，慈濟人走得無怨無悔，任勞任怨，任誹任謗。

慈濟是個土生土成的慈善團體，對臺灣本土的關懷自然不遺餘力，對臺灣貧苦與急難民眾的救援，都身先士卒，這可從近三十年來的慈濟作爲獲得證明。

慈濟也是個佛教團體，佛教是以慈悲濟世、救苦救難爲本懷，世界上許多苦難的地方，都有天主教、基督教的濟助行動，佛教的慈悲不亞於耶穌的博愛，但慈悲必須付諸行動。

佛陀告訴我們「眾生平等」，也再三叮嚀我們要尊重生命，爲了尊重生命、爲了實踐佛陀教化、爲了證明佛教的慈悲並非止於口談，慈濟的國際救援行動應勇往直前，藉此向世人宣示：臺灣人民的愛心無垠；向世人證明：天主教、基督教能，佛教也能。

臺灣要想贏得國際人士的尊敬，就絕對不能推卸對國際社會應盡的責任。慈濟因爲太愛臺灣，所以不能讓臺灣埋沒在世界舞臺的黯淡一角。慈濟的用心，誠如詩經上所說：「知我者，謂我心憂，不知我者，謂我何求？」慈濟從事國際賑災，豈有所求？如有所求，只求臺灣的尊嚴，與自己的心安而已。

一九九四年八月

奔流偏欲到人間

諸葛亮是家喻戶曉的歷史人物，他的傳奇，因《三國演義》的繪聲繪影而更莫測高深。其實，依正史，諸葛亮是一代名臣，但絕非民間傳說的那樣「神通廣大」。

諸葛亮寫給他兒子的書信中曾說：「夫君子之行，靜以修身，儉以養德；非淡泊無以明志，非寧靜無以致遠。」多麼精闢真誠的〈戒子書〉，不僅他的兒子受

用，所有看到這些言簡意賅言論的人，也都受用無窮。

靜裡常思己過

佛教徒應有「靜裡常思己過」的修養，只有在「平心靜氣」的時候，才會比較容易發現自己的缺點；也只有在「風平浪靜」的時候，湖水才能清澈見底，清明如鏡。

修身的實質目的就是養德，是一種「克己修養」的工夫，也是一種人生觀與價值觀的塑造，更是一種行爲的準繩。完美人格的養成，必須從「儉」入手，能「儉」，就不「奢」；不奢，就不貪；不貪，生活就會淡泊；能淡泊才能明志，所以「非淡泊無以明志，非寧靜無以致遠」，確有其顛撲不破的真理存焉。

宋朝理學家邵康節有這麼一段話，讓人深思：「善化天下者，止於盡道而已；善教天下者，止於盡德而已；善勸天下者，止於盡功而已；善率天下者，止於盡力而已。」不論是「盡道」、「盡德」、「盡功」，或是「盡力」，都是要反求諸己，都是要盡自己的最大力量。孔子曾說：「人能弘道，非道弘人。」民間

古諺也說：「道在人弘，修在己；善由我積，福由天。」善哉斯言。

但不論弘道或修德，都必須以關懷社會為目的，以尊重生命為標竿。清朝詩人趙愈〈詠溪聲〉詩云：「結廬何日往深山，竹月松風相對閒；卻笑溪聲忙底事，奔流偏欲到人間。」正當一些自命為騷人雅士之輩，拚命將結廬之處移往深山，去做吟風弄月的閒人時，清澈的溪水卻拚命的從深山裡，日夜不息的流往人間，給人間注入一股沁人心脾的清流，讓社會有一股源遠流長的活水源頭。溪聲的奔忙與雅士的偷閒，不知何者清高？何者應受推崇？相信仁人志士都能瞭然於心。

愛人利物

孟子說：「惻隱之心，仁之端也；羞惡之心，義之端也；辭讓之心，禮之端也；是非之心，智之端也。」這是人之四德。宋朝大儒朱熹說：「人之為心，其德有四，曰仁、義、禮、智，而仁無不包其發用也。」仁就是愛人，也就是「愛人利物」的意思。愛人就是關懷別人、愛護別人，也就是佛教一再闡揚的慈悲。人之四德，以仁為首，以仁涵蓋，足見「仁」在中國人心目中的地位，是何等舉

足輕重。

佛教徒稟承佛陀「無緣大慈，同體大悲」的教化，應持守「不爲自己求安樂，但願眾生得離苦」的弘願與慈悲。或許有人會認爲這項弘願與慈悲，善則善矣，但總覺遙不可及。其實孔子不是曾說：「仁遠乎哉！我欲仁，斯仁至矣。」只要有心，而且肯至誠實踐，天下應該無難事，這是所謂「精誠所至，金石爲開」的道理啊！證嚴上人不是常勉勵我們：「有心就有福，有願就有力」嗎？

「德不厭廣，分不可踰；水淺舟大則膠，樹大根淺則拔。」道德愈深厚、愈寬廣愈好。孔子說：「知恕必知外，知外必知德。」恕就是一種寬容的德行，有不厭其廣的德，才能達到「心包太虛，量周沙界」的境界。

慈濟人不管從事「濟貧教富」的工作，或投入「拔苦與樂」的行列，都必須要有「寧靜致遠，淡泊明志」的覺悟。有了這種覺悟，才能無怨無悔的「奔流到人間」，爲社會注入清流。

一九九四年二月

爲自己的面孔負責

林肯是美國歷史上最偉大的總統之一，他解放黑奴的偉大貢獻，至今猶讓人津津樂道。

林肯不僅是位偉大的政治家，也是位偉大的哲學家，他如海的睿智，改變了美國的歷史；無量的慈悲，樹立了人道思想的典範。

在擔任美國總統任內，林肯有一則軼聞逸事，令人傳頌，也令人深思。

林肯當了美國總統後，他的朋友為他介紹一個人，說這個人頭腦靈活、反應敏捷，足以作為林肯的親信幕僚。於是林肯接見了那個人，可是會面之後，林肯居然拒絕錄用那個人。

他的朋友覺得非常奇怪，就問：「他出了什麼差錯，你為何不錄用他？」

林肯回答：「我不喜歡他的臉。」

朋友很訝異：「你身為總統，豈可以貌取人！」

林肯說：「告訴你，一個人活到四十歲，就應該對自己的面孔負起責任。」

從這一則故事中，我們不知道林肯朋友所介紹的那個人，究竟是一副怎麼樣的臉孔，但我們可以知道，那副臉孔必然是讓林肯受不了的臉孔。

讓人受不了的臉孔，不一定是醜陋的臉孔。以林肯對人權的尊重和對人觀察入微的智慧，關鍵絕對不是那個人相貌的美醜，恐怕是在那個人氣質的有無，與謙和態度的多少。

美國憲法起草人之一，也是文學家兼具哲學家特質的富蘭克林就曾經說：「再自負的人，也受不了別人的自負。」臉孔是一個人涵養的櫥窗，那個人因為面

孔而斷送前程，實在不會讓人感到意外。恃才傲物是一般人的通病，其實，一個人的涵養愈深厚，爲人會愈謙和，飽滿的稻穗如此，深邃的大海亦復如此。

臉就是一張履歷表

雖然孔子曾經說過：「以貌取人，失之子羽。」民間俗諺也說：「人不可貌相，海水不可斗量。」這是告誡我們不要被表面的外相所迷惑。但是一個人的言談舉止、表情聲色，如果表現得那樣膚淺而自負，那麼他的人品與才能，應該是不問可知了。

日本文學家大宅壯一曾經說：「男人的臉，就是一張履歷表。」其實，何止男人的臉是一張履歷表，女人的臉也是一張騙不了人的履歷表。一個人過去的所作所爲，都會有形或無形的刻畫在臉上，他的涵養與智慧也會在臉上表露無遺。

林肯的名言與大宅壯一的雋語，有異曲同工之妙，都值得仔細玩味與深省。

有人說：「慈濟人的臉孔，是最美麗的臉孔。」這句話確實不虛。因爲慈濟人的臉永遠充滿知足、感恩、歡喜、自在的謙和，同時也表露了關懷天下蒼生的

慈悲與智慧，這樣的面孔，說老實話，不美也難。

曾經有人問慈濟委員：「妳們每個人看起來那樣親和美麗，妳們是怎麼做到的？」

慈濟委員回答：「我們都擦『慈濟面霜』！」

問的人很興奮的說：「『慈濟面霜』哪裡可以買得到？」

慈濟委員說：「『慈濟面霜』沒有地方賣，但我們把祕方告訴妳，妳可以如法炮製，日擦三次，保證容光煥發，青春永駐。祕方是——知足、感恩、善解、包容。」

或許有人會說：這樣的祕方太抽象了，抽象得難以令人理解。其實，「親和」、「美麗」、「氣質」等，也很抽象，也只是一種感覺。

修養不僅要由外而內，也要由內而外，甚至要內外一如。有涵養的人，表現在外的，除了內斂的人格外，還要有讓人心悅誠服的外表。這些都要從日常生活中的聲色做起，平時就要注意對自己的面孔負起責任。

一九九四年七月

竹密不礙流水過

天下哪一條路最應走？「菩薩道路」最應走。天下哪一條路最難行？「菩薩道路」最難行。

應走而不走，非智；難行而能行，是勇。勇者但知「行所當行，爲所應爲」，故無懼，在他們的眼中，沒有一個「難」字。

迷情眾生，捨「菩薩道」而不行，令人惋惜。利根種性，一聞千悟，棲棲皇

皇於菩薩道上，令人讚歎。

拔眾生苦，與眾生樂

菩薩道者，利濟天下蒼生之道路也。「拔眾生苦，與眾生樂」是行菩薩道的本懷；「但願眾生得離苦，不爲自己求安樂」是行菩薩道者的心願。在他們的心中，只知「克己利人」，全無半點「私」字。

慈濟的志工，都是栖栖皇皇於菩薩道上的社會工作者，他們大慈大悲、大智大慧，以「利濟眾生」的弘願，奔走於長街陋巷。人非草木，孰能無情，在工作的過程中，當然有苦、有樂、有笑聲，也有淚水。「慈悲喜捨」四無量心是他們的中心理念。因爲有「慈悲喜捨」四無量心的修持，所以他們才能「尊重生命」，才能「肯定人性」，才能放下私情，實現人性昇華的大愛。

大慈無怨、大悲無悔、大喜無憂、大捨無求。慈濟志工以四無量心爲起點，以建造人間淨土爲終點，他們用勇猛精進的精神，走在這條難行能行，難忍能忍的菩薩道上，雖然長路漫漫，但他們無怨、無悔、無憂、無求，讓人敬佩。

我們說「菩薩道」難行能行，是因爲這條通往人間淨土的道路，時而崎嶇，時而荊棘、障礙重重；我們說「菩薩道」難忍能忍，是因爲這條利濟天下蒼生的道路，時而風雨，時而陰晴，冷暖難測。所以，行走在菩薩道上，必須有很大的慈悲與智慧，很堅強的耐心與定力。沒有慈悲與智慧，就不能昂首闊步於菩薩道上；沒有耐心與定力，就會耐不住外界的冷嘲與熱諷，容易在菩薩道上懈怠退轉。

尊重生命，肯定人性

「尊重生命」是慈濟人的信仰，「肯定人性」是慈濟人的理念。有了堅定的信仰與理念，才能不辭勞苦，爲拔苦而奔走；也才能無怨無悔，爲與樂而付出。

所謂「尊重生命，肯定人性」就是：有形的生命要尊重，無形的人性要肯定。佛陀告訴我們：「眾生平等，人人具有佛性。」也就是說，每個人都平等的具有成聖成佛的善良本性。

或許有人會問：既然人人都具有成聖成佛的善良本件，何以社會上作奸犯科的人還到處可見？何以會有那麼多的人，行爲偏離正道？答案很簡單，那是受到

後天不良環境的薰習與污染。就像明珠蒙塵，明珠的本質晶瑩剔透，但外來的灰塵與污泥，讓明珠蒙塵而黯然失色，只要把覆蓋在明珠外面的灰塵清拭乾淨，就能還明珠以本來面目，讓明珠的光芒再現。

爲了能夠人盡其才，也爲了讓慈濟志工能夠有更多的參與機會，我們把志工分成很多「功能組」，每一個功能組都賦與特殊的使命，對慈濟精神的發揚與慈濟志業的落實，都有不可忽視的貢獻。

國際扶輪社有一句名言：「做我們所信的，信我們所做的。」慈濟精神與尊重生命的理念既然是我們所信仰的，就應義無反顧的去實踐；我們既然實踐了慈濟的精神與理念，就應該堅定信心，相信我們的所作所爲不會向歷史交白卷。

慈濟志工是慈濟志業的尖兵，大家矢志在菩薩道上永不退轉，風雨愈大，他們跟愈緊；困難愈多，他們信心愈足，相信歷史會爲志工悲智雙運的作爲做見證。慈濟人的心永遠光風霽月，晴朗如洗。「竹密不妨流水過，山高豈礙白雲飛？」相信慈濟人在菩薩道上，永遠信心十足，永遠經得起風雨的考驗。

一九九四年六月

真空與妙有

《金剛經》是禪宗非常重要的一部經典，熟讀《金剛經》的人都知道，《金剛經》中的每一句話、每一個字，都環繞在「破我執、滅我相」上，強調的是「應無所住而生其心」。

既然是「破執」，當然是破「執有」，也破「執空」。「執有」是虛妄；「執空」是斷滅空。

為破執有，《金剛經》說：「凡所有相，皆是虛妄，若見諸相非相，即見如來。」

但又怕大家因此而執空，所以又說：「善男子，善女子，發阿耨多羅三藐三菩提心，應如是住，如是降伏其心。」

也就是菩薩「應無所住」，可是也要「生」阿耨多羅三藐三菩提「心」，要「住」於阿耨多羅三藐三菩提「心」。

「阿耨多羅三藐三菩提」就是「無上正等正覺」，也就是至高無上正知正見正覺的意思。唯有「至高無上正知正見正覺」的心，我們才能不執有、不執空，才能了悟「一切有為法，如夢幻泡影；如露亦如電，應作如是觀」的道理。

人生只有使用權

「如來所得法，此法無實無虛。」「無實」就是「真空」，「無虛」就是「妙有」，知道了「真空妙有」的真諦，才能洞徹「此法無實無虛」的真義。

最近證嚴上人一再強調：「人生只有使用權，沒有所有權。」以此說明「真

空妙有」，詮釋「此法無實無虛」，再恰當不過了。

任何一個人，對自己確實沒有「所有權」，因爲「人生無常」，生死之事，自己很難作主，即使尊貴如帝王，也不能永保平安無事，永保長生不老。今日的「有」是因緣聚，他日的「滅」是因緣散，緣起緣滅，自己又何曾有，何曾無呢？瞭解這個道理，瞭解「人生沒有所有權」的道理，就是了悟「真空」；了悟「真空」，才不會著我相、人相、眾生相、壽者相。不著相，人生必然輕安自在。

雖然「人沒有所有權」，但「人都有使用權」，體驗「人有使用權」的精義，才能知曉「妙有」的妙理。

無私無我

「空」是「真」的；「有」是「妙」的。「有」如果不能發揮「妙」用，與無何異？人生如果不能發揮人生的「妙」用，那就如同行屍走肉，哪裡是「有」的人生？

「人身難得今已得」，這短暫而難得的人身，我們難以永遠「擁有」它，但我們可以作主「使用」它，而且必須適當而妥切的使用它，人生才能發揮「妙用」，這樣的「有」，才是「妙」的。像「植物人」無法發揮人的「使用權」，這就大不妙了。

體悟「真空」，瞭解「人沒有所有權」的道理，才會不著我相、人相、眾生相、壽者相，才能具有「無私無我」的出世精神。

體悟「妙有」，瞭解「人只有使用權」的道理，才會發「阿耨多羅三藐三菩提」心，才能以「勇猛精進」的態度從事入世的工作。

以出世的精神，從事入世的工作，就是慈濟人的文化，這就是「真空妙有」的真諦。用心體會證嚴上人的妙喻，對力行菩薩道或許會更有幫助吧！

一九九二年九月

低頭便見水中天

王國維在《人間詞話》裡說：「古今之成大事業、大學問者，無不經過三種境界：『昨夜西風凋碧樹，獨上高樓，望盡天涯路』，此第一境界也；『衣帶漸寬終不悔，爲伊消得人憔悴』，此第二境界也；『衆裡尋他千百度，驀然回首，那人正在燈火闌珊處』，此第三境界也。」

對於王國維的這段話，試圖解釋它的人不少，真正體驗它的人不多。我們雖

然不敢說能準確的瞭解王國維先生此段議論的涵義，但我們大略可以知道他所要告訴大家的是：想成大事業、大學問，就要有一番「衣帶漸寬終不悔」的精進與「眾裡尋他千百度」的自謙。

「行精進，除我慢」是慈濟人奉爲終身不渝的座右銘。因爲能夠「行精進」，所以就不怕苦、不畏難；因爲能夠「除我慢」，所以就不伐善、不自矜，古德云：「怠者不能修，忌者畏人修。」就是不能行精進、無意除我慢之人的最佳寫照。

發心如初，成佛有餘

《大智度論》有讚精進偈云：「人有不惜身，智慧心決定；如法行精進，所求事無難。如農夫勤修，所收必豐實；亦如涉遠路，勤行必能達。」意思就是告訴我們：「發心如初，成佛有餘。」發心容易恆心難，如果能夠保持當初發心的那份勇猛精進，則成佛又有何難？

精進可分「身精進」與「心精進」。能布施、行持戒是爲身精進；忍辱、禪

定、智慧是名心精進。「身心不息，勤修不懈」才是真正的精進，學佛的人千萬不能患了「怠者不能修」的毛病，又有「忌者畏人修」的心態。

想要「如法行精進」，必先去除各種慢。「慢」就是貢高我慢；就是把自己抬得很高，把別人看得很低。人一有「貢高我慢」的毛病，想進德修業，恐怕難矣！

「慢」有七種，一、單慢；二、過慢；三、慢過慢；四、我慢；五、增上慢；六、卑劣慢；七、邪見慢。

「單慢」是他人不如我，我則傲於人，有違「勝不驕」的古訓，這是最單純的慢，也是最易犯的慢；「過慢」是他人和我一樣，在成就或能力上分不出高下，而我則謂我比他人強；「慢過慢」是他人勝於我，我則謂別人與我差不多，就是不承認別人比自己強，反過來還要說自己比別人強；「我慢」是凡事以自我為中心，自以為是，目空一切的慢；「增上慢」是自己有一點小成就，就把自己膨脹得很厲害，認為別人都不如我；「卑劣慢」是「自甘墮落」的慢，自己不如人或自己犯了錯，還要說：「我就是要不如人，我就是要犯錯，你能奈我何！」這

是非常要不得的慢；「邪見慢」是最可怕的慢，自己有錯，不僅不知悔改，還要以犯錯爲榮。魚肉善良百姓的流氓，不僅不能自我反省，還誤認作惡多端可以提升自己在黑社會中的地位，故意胡作非爲，毫無忌憚，這就是「邪見慢」。

退步原來是向前

這七種慢，儘管有深淺層次的差別，但慢心卻無兩樣。有了慢心，就難力行佛陀正精進的教化，就成爲進德修業上的大障礙。

高峯老人插秧偈云：「手執青秧插滿田，低頭便見水中天；六根清淨方爲道，退步原來是向前。」能去慢，才能自謙，才能精進。深體「去慢」與「精進」精義的人，才懂得「低頭便見水中天」的箇中三昧，也才能體會「退步原來是向前」的精義；至於那些執慢畏修的人，就不足論了。

一九九三年四月

秋收蒼生愛

「可憐夜半虛前席，不問蒼生問鬼神。」這詩句是議論漢文帝夜半緊急召見賈誼的一段故事。

根據史書記載，賈誼是漢代大儒，他才高八斗，器識軒宇，備受時人敬重。有一次，漢文帝突然在半夜裡緊急召見賈誼，也很禮遇的空出前面的位子讓賈誼坐下。賈誼以爲漢文帝有很重要的國家大事要商量，所以也就兢兢業業，如

履薄冰的靜候備詢，不料漢文帝所問的盡是一些鬼神的事情，所談的都是和天下蒼生無關的話題，讓賈誼很感失望，所以才會有這樣充滿無奈的詩句。

其實「可憐夜半虛前席，不問蒼生問鬼神」的情形，歷代可聞，到處可見，只是大家不自覺、不追究罷了。自覺了，追究了，無奈的歎息聲恐怕更要層出不窮了。

了達三輪體空

六波羅蜜中，布施排行第一，可見佛教對布施功能的重視，而凡是正知正見的佛教徒，也都知道布施對修行的重要。

布施的最高境界是「三輪體空」，內不住能施之我，外不住受施之人，中不住所施之物，即《金剛經》所說的「菩薩應無所住而生其心」，「菩薩應無所住而行於布施」的真義。這才能洞徹寰宇，處處自在無礙。

六祖慧能禪師曾說：「世人外迷著相，內迷著空；若能於相離相，於空離空，即是內外不迷。」人之所以會「迷」，完全是因爲「外迷著相，內迷著

空」。如果能夠不迷不著，不落根塵，不分諸法，不執空有，不墮凡情，不作聖解，就能夠智慧爽朗，了照身心，又哪會「迷」？哪會「著」？

「無緣大慈，同體大悲」是一種無涯無際，無始無終，無遠弗居的長情大愛；「慈濟」就是在這種「了達三輪體空」的長情大愛中，關懷天下蒼生，不分國界、不論種族，只要需要，慈濟人都會義無反顧，全力以赴的去關心、去幫助、去拔苦、去與樂。

「一眼觀時千眼觀，一手動時千手動」，在美國、在日本、在新加坡、在英國、在加拿大、在南非、在紐澳等地，都有慈濟人的足跡，他們爲慈濟的歷史留下輪廓分明的腳印，也爲二十世紀的中國人，在跨世紀的此時此刻，留下關懷天下蒼生的記錄與明證。

種如是因，得如是果

佛教強調的是「種如是因，得如是果」，這種放諸四海而皆準的因緣果報觀，屢試不爽，豈能不畏？五月初美國洛杉磯黑人暴動，許多中國人能倖免於

難，與在美國的慈濟人這些年來默默關懷黑人，回饋美國社會不無關連。

慈濟美國分會提供洛城清寒學生獎學金，尤其對黑人清寒學生的照顧，更是不遺餘力，此外每年對貧困黑人的濟助、對無家可歸者的關懷等，完全是基於憫濟眾生的慈悲大愛，從來就沒有「心希果報」的念頭，慈濟會員與許多旅美中國人卻因而受惠，在暴亂中倖免於難，誰敢說這不是「種如是因，得如是果」呢？

「春種一粒粟，秋收萬顆子」，胡適說：「要怎麼收穫，先那麼栽。」要扭轉世人對臺灣的不良形象，就必須要把我們的關懷之心、友誼之手，伸向天下蒼生，這一點正是慈濟人所以用以自許的。

一九九二年七月

正信天地寬

飽受誤解與漠視的宗教意識，終於在我們的社會裡逐漸擡頭了；在社會風氣日漸敗壞，道德水準日趨低落，民眾精神日感苦悶，而政府苦無對策，無力回天之際，終於開始想到宗教了；這對宗教界來說，與其說是喜訊，毋寧說是更大的責任與更多的期許。

「慈濟」是佛教的團體，所從事的是慈善性的工作，自始至終我們都背負著

振興佛教的使命與濟助蒼生的責任，所以對於宗教意識的逐漸擡頭，我們當然倍感欣慰。

就在大家對宗教的社會教化功能，進行重新肯定與評估的此時此刻，籲請社會大眾建立一個正確的宗教觀，有其必要，而且相當必要。

我們認爲正確的宗教觀應包括：智信化、人性化、社會化、生活化與實踐化五種理念，這也是慈濟一向所秉持的宗教信仰的理念。

智慧的信仰

智信化是指智慧的信仰，是相對於迷信而言的。六波羅蜜中「智慧」是相當重要的一環，而「佛」這一個字，其原始意義就是覺悟者的意思，能有所覺、有所悟的人，就不會迷信，凡迷信的人都因爲尚未覺悟。在這光怪陸離、幻化不定的社會裡，「智慧」變得非常重要。有高度智慧的人不僅要知其然，而且還要知其所以然；要知道表層的幻化現象，還要知道深層的實質內涵，這才是智慧的信仰，才不會被怪力亂神所迷惑。

能有所覺、有所悟的人，就不會迷信，凡迷信的人都因爲尚未覺悟。

人性化是指以人爲本的人本理念。佛教講究的是「眾生平等」，其意義就是在於尊重生命，尊重人性尊嚴。只要有生命的，其生命價值都是平等的，即使小如一隻螞蟻，其生命與我們的生命並無二致，這是佛教所以不殺生的重要思維理念。而所有的人性尊嚴也應被尊重，不因貧富地位，不論男女老幼，不問膚色種族，只要是人，其尊嚴都一律平等，這也是佛教「無緣大慈，同體大悲」的慈悲精義，只有從人性化的基礎出發，宗教的莊嚴才能更加顯現。我們提出人性化，主要是相對於神性化而言的。

千手千眼，聞聲救苦

社會化是指對社會的關懷程度而言，大乘佛教的精義，不僅在於獨善其身，同時更在於兼善天下。地藏王菩薩「地獄不空，誓不成佛」的弘願，觀世音菩薩「千手千眼，聞聲救苦」的悲心，都是佛教關懷社會蒼生的具體說明。宗教如果脫離了社會，就會變得毫無意義。

生活化是指宗教必須與生活結合在一起，唯有與生活結合在一起的宗教，才

是生動活潑、生機勃勃的宗教，這樣的宗教才是人間的宗教；也唯有人間的宗教，才能發大機，起大用，才會成爲源遠流長，生生不息，受人信仰不已的宗教。

實踐化是指發揚力行菩薩道的精神，佛法是用來做的，不是用來說的；佛經是用來行的，不是用來念的，如果只停留在念經的階段，而不能把佛法大意落實於社會人間，宗教就變得毫無價値可言了。知與行是鐵路的雙軌，雙軌具足，火車才能載重行遠，道理非常淺顯，相信大家都能一點即化。

如果要評估自己是否爲一位正信的教徒，就以這五個標準評估吧！

一九九二年五月

寒潭秋月

寒山與拾得是我國古代的兩大詩僧，兩人的傳奇故事，許多人都津津樂道，尤其寒山詩文的影響，飛越古今，遠播海外。歐美國家學術殿堂的大學，還有不少人致力寒山詩文與思想的研究和發揚。

寒山詩文所以引人入勝的地方，在於那股隨遇而安的恬淡與洞察人生疾苦的自適，更重要的是在他詩文的字裡行間，處處顯露了闡釋佛道真理的精義。

「可笑寒山道，而無車馬蹤；聯溪難記曲，疊嶂不知重。泣露千般草，吟風一樣松；此時迷徑處，形問影何從？」人生頓挫百折，任何人都有逆境與順境，有得意與失意，只要能在逆與順之間、得與失之際，掌握住方向，不迷失自己，又豈會不知何去何從呢？

寒山詩又云：「吾心似秋月，碧潭清皎潔；無物堪比倫，教我如何說？」這就是爲什麼寒山能輕安自適，隨境而安的原因。有這樣清澈的心境，又哪裡會有雜念？哪裡會有執著？哪裡會無邊苦惱？

把握造福機會

有了明似秋月的心境，對於人間悲苦與無奈，才能明明白白的辨別。慈心悲念，慈懷柔腸，從中顯現。寒山詩云：「東家一老婆，富來二五年；昔日貧於我，今笑我無錢。渠笑我在後，我笑渠在前；相笑儘不止，東邊復西邊。」

人生無常，十年河東十年河西，誰弱又誰強？看了寒山詩，還要再去斤斤計較誰高誰低？誰上誰下嗎？

「城中蛾眉女，珠珮何珊珊；鸚鵡花前弄，琵琶月下彈。長歌三月響，短舞萬人看；未必長如此，芙蓉不耐寒。」人間榮華富貴，豈能天長地久？有力量幫助別人時，就應該把握機會造福得福。

最怕的是不知用慈施悲，用喜施捨，貪得無厭，才下舊愁，又上新愁。所以寒山詩又云：「聞道愁難遣，斯言謂不真；昨朝始趁卻，今日又纏身；月盡愁難盡，年新愁更新；誰知席帽下，元是昔愁人。」愁不纏人人自纏，光風霽月，清明自許，誰說愁緒難遣？

眾生平等，人人具有佛性，只因後天薰習，心中才會雜草叢生。可惜許多人不承認這一點，以假為真，一誤再誤，將錯就錯，就令人遺憾了。

是非不必爭人我

「我見瞞人漢，如籃盛水走；一氣將歸家，籃裡何曾有？我見被人瞞，一似園中韭；日日被刀傷，天生還自有。」時常反躬自省，不自欺欺人，才能道業增長，否則「為學日進，為道日損」，就相當可笑了。

又是春回大地的季節，大塊山河一片盎然，或許寒山的詩會給我們些許啓發吧！

憨山大師〈警世詩歌〉：「是非不必爭人我，好歹何須論短長？世界本來稱缺陷，此身焉得不無常？」解得了，也就悟道了。

一九九二年三月

萬物並生方是美

印度聖哲甘地曾經指出，當今世界有七種東西可以毀滅自己，也可以毀滅別人，更可以毀滅一個社會、一個國家和整個世界。

這七種東西是：第一、沒有道德觀念的政治；第二、沒有責任感的享受；第三、不勞而獲的財富；第四、沒有是非觀念的知識；第五、不道德的生意；第六、沒有人性的科學；第七、沒有犧牲的崇拜。

甘地的這番話並非無的放矢；甘地的這番話是有感而發。但他並不是消極的指責，而是積極的提倡。他提倡的是「道德」、是「責任」、是「勤勞」、是「是非觀念」、是「人性」、是「服務與奉獻」。

臺灣，曾經被譏嘲爲「貪婪之島」，也曾被指責爲「賭博之城」，現在又被評定爲「犀牛的終結者」。這樣的評語，我們豈能忍受？能不反省？

慈悲憐萬物

「貪瞋癡」，人之三毒，戒貪、戒瞋、戒癡是佛教徒安身立命的基礎，千百年來，佛教講究的就是「無緣大慈、同體大悲」，「慈悲」不僅在於人類，慈悲也應及於一切蠢動含靈。保護動物、愛護動物，一直是正信佛教徒謹守的本分，這就是爲什麼佛教徒戒殺生的原因。

「天地與我並生，萬物與我爲一」是多麼開闊的人生觀！這種豁達開朗的心胸，本是中國人長久以來所具有，可惜現在一念無明、一念之貪，使得這種「心包太虛，量周沙界」的廓然情懷蒙塵；也使得美麗之島的臺灣蒙塵，實在令人浩

歎，也令生活在臺灣的民眾汗顏。

願雲禪師〈戒肉食〉詩云：「千百年來碗裡羹，怨深似海恨難平；欲知世上刀兵劫，但聽屠門夜半聲。」人們往往爲了滿足口腹之欲，不惜殺戮眾生，這種「我肉眾生肉」的殘忍，就是世上刀兵劫的禍根，所以說「欲知世上刀兵劫，但聽屠門夜半聲」，只要屠門沒有動物哀嚎之聲，世上刀兵之劫應能平息，人們如果連「非我族類」的動物都不忍殘屠，豈會進行同類相殘的悲劇呢？

尊重生命

「尊重生命」是人性，也是道德；是責任，也是黑白分明的是非觀念。我們固然要尊重人類的生命，也應尊重一切蠢動含靈的生命。因爲「眾生平等」，生命的本質並沒有高下，天地之大，眾生皆有生存之權；人類要生存，其他動物也要生存，生命的尊嚴是一樣的，生存的權利也是一樣的，何苦這樣「弱肉強食」呢？

天地之間要能百花齊放、萬物爭鳴，才算美麗，如果僅爲人類的一己之私，

或僅爲少數人的口腹之欲而滅絕萬物，人類在這世界上豈非太寂寞？

法國偉大哲學家與文學家梭羅，曾經講過一句名言：「簡單的生活，高度的思考。」簡單的生活才能體會萬物共生之美，高度的思考才能悟出人性的光輝。臺灣的富裕已舉世聞名，但臺灣的人性文化似乎每況愈下。該是佛教徒起帶頭作用，發揮影響力的時候了，「釣者負魚，魚何負於釣？獵者負獸，獸何負於獵？」該是大家覺醒與深思的時候了。

一九九二年十二月

一次美善的循環

「珍情畫意，擁抱蒼生」義賣活動結束了，從這項活動的過程中，再次證明了慈濟人永不退轉的凝聚力，以及爲善不怕艱辛的精進心。

自始至終，慈濟人對這項活動所抱持的立場是：不在乎義賣金額的多少，而在乎參與的熱烈與層面的寬闊；不在乎義賣的成果，而在乎義賣的過程。

我們所以認爲「過程」重於「成果」，是因爲一切善的循環，都蘊涵在過程

當中。唯有在活動的過程中，才能讓所有的參與者，不論捐獻的人或義買的人，都能感受到那股「長情大愛」的震撼力，與慈濟人「真誠存仁」的感動力。

大捨不易

在佛教四無量心中，「捨」雖排名於後，但卻最難做到。要把心愛的收藏品割捨出來，若非具有大慈大悲的智慧和勇氣，豈能做到？能做到「難能」的境界，這不是大丈夫的行爲是什麼？而在「大捨」之後，又能有「大喜」的禪悅，若非心境清澈明朗，又何能致此？

主辦這次義賣活動的慈濟榮譽董事聯誼會與慈友會，都是由護持慈濟志業甚力的善知識組成，其中不乏企業家與企業家的夫人。他們用「企業回饋社會」的心，推動義賣活動，讓活動畫下完美的句點。他們所付出的不僅是心愛的珍寶，他們還付出比珍寶更珍貴的心血與智慧。

「一個成功男人的後面，往往有一位賢慧的女人」，慈友會的成員是成功企業家後面的賢慧女士，她們個個蕙質蘭心，發揮女性驚人的才華與力量，不僅推

動了企業家的「成功搖籃」，而且推動了社會「善的循環」。在整個活動過程中她們出力最大，讓人感動最深，女性的柔順特質與智慧在活動中表露無遺。

這次義賣活動的成功，要感謝主辦的慈濟榮董聯誼會暨慈友會之外，更要感謝捐獻珠寶書畫等藝術品的善知識，與贊助活動出錢買下義賣品的善心人士。因爲有人捐出珍寶義賣，同時也必須要有發心人士義買，這樣才能構成一個善的緣，一個美滿的緣。

慈濟辦活動，總是有那麼多人參與，這都要感謝慈濟委員與慈誠隊的盡心盡力，從慈濟委員與慈誠隊身上所表現出來的那種不眠不休、服務奉獻的精神，凡是接觸到的人，無不動容。他們精心布置場地、搬運東西、維護安全、溫婉接待、細心整理、詳盡說明，讓每位親臨展覽會場的人，都能感受那股沁人心脾的親和，他們臉上所綻放出來的燦爛笑容與珠寶書畫相互輝映，使參觀的人不僅欣賞到一場藝術之美，更享受到一場人性之善。

捨出智慧

「大捨」不僅要能捨出有形的東西，還要捨出無形的智慧。因此，這次義賣活動，不僅義賣有形的珍寶，同時也義賣了無形的智慧。布施分財施、法施、無畏施，如果透過這場義賣，能達到加速「美的擴散」、廣被「善的循環」與深化「愛的層面」，我們的目的就已達成。

將珍藏在保險箱裡的珠寶與書畫，做一次流動性的循環，就能發揮擁抱蒼生、尊重生命的功能，這是賦與珠寶與書畫等藝術品以生命的最好方式，不但可以提升它們的潛在價值，而且也可以讓人性美不勝收，其意義之大，不言可喻，誰敢說我們的社會是富而不仁的社會呢?至少在慈濟世界裡，每個人在心靈上都「既富且仁」、「既仁且貴」的，這次活動已經證明了這一點。

一九九四年三月

「大捨」不僅要能捨出有形的東西，還要捨出無形的智慧。

大地園丁・補天女媧

中國古老的傳說與神話或許不可靠，但中國古老的傳說與神話，卻有其一定的智慧與用意。

以「盤古開天」的傳說爲例，中國人對這個古老神話，幾乎人人耳熟能詳，不僅知道這位人類始祖爲人類開闢出一片適宜生存的廣邈天地；同時也知道，天地初成，渾沌初開，天空猶然破洞處處，盤古的夫人「女媧」毅然煉石補天，使

得盤古的開天闢地工作免於功虧一簣。於是女媧煉石補天的故事從此傳爲美談，並與盤古的傳説相互輝映。

傳說背後有深義

這樣的傳説，真實性已不可考，其實傳説是否具真實性並不重要，重要的是傳説背後所蘊藏的意義，才值得我們深思。

神話有時是悲壯的，有時卻是浪漫的；古老的傳説有時是悲劇、有時是喜劇。

「女媧」煉石補天的傳説，後來被清朝大文學家曹雪芹所延續運用。曹雪芹在他曠古不朽巨著《紅樓夢》裡，一開始就交代了「通靈寶玉」的「來歷」：「卻説那女媧氏煉石補天之時，於大荒山無稽崖煉成高經十二丈、方經二十四丈，頑石三萬六千五百零一塊，媧皇氏只用了三萬六千五百塊，單單剩了一塊未用，便棄在此山青峯下。誰知此石自經鍛煉之後，靈性已通，因見衆石具得補天，獨自無才，不堪入選，遂自歎自愧，日夜悲慚愧。」後來這塊頑石被「茫茫大士」與

「渺渺真人」攜入紅塵，而引出一段感人肺腑的小說情節。曹雪芹並有一偈云：「無才可去補蒼天，枉入紅塵若許年。此係身前身後事，請誰記去作奇傳？」

這樣子的古老傳說以及這樣子的小說情節，或許大家會覺得荒唐可笑。但我們必須指出，天空破洞已不是神話，天空破洞已是活生生的不爭事實。我們所生存的地球上空，臭氧層的破洞正在快速擴大，如果再不設法補天，世界末日或許很快就不再只是科幻小說中的題材了。

當年女媧氏鍛煉出來的頑石，個個以能補天爲榮，所以那塊自歎無才補蒼天的頑石，才會自怨自艾，日夜悲哀。現在天空又告破洞了，女媧煉就的頑石已不足恃了，補天的工作，當然要落在每一個萬物之靈的頭上了。

順天應人

中國人一向講究「天人合一」，所以非常強調「順天應人」，意思是說天道不可逆，人道不可違，人類怎樣對待大自然，大自然也會怎樣對待人類。近三、四十年來，世界工業先進國家都分別發出「大地反噬」的警訊，「無情荒地有情

大」，天地是否有情，端看人類是否有情；「天若有情天亦老」，今天南極的上空破了洞，青翠山巒傷痕累累，清澈的山川開始老化，清新空氣不再，熱帶雨林每秒以數萬公頃的速度消失，綠藍的地球逐漸轉換成灰寂的土地了，一個窒息的地球很快就要形成了，誰敢說荒地無情？誰又敢說天能不老？

「慈悲的心，綠化的手」，才能力挽狂瀾。「慈悲的心」是心靈的綠化，「綠化的手」是環境的綠化，而不論心靈或環境的綠化，必須掌握一個基本的原則，那就是要「從大處著眼，小處著手」，勿以事小而不爲，不以善小而不做，能如此，你我都是大地的園丁與補天的女媧了。

一九九二年六月

尊重生命，朗照蒼生

「人」這個字，易寫難懂，認識它不難，瞭解它不易。

我們說易寫，是因爲這個字只有兩筆劃，連剛啓蒙的孩子也可以依樣葫蘆，一學即會。

我們說難懂，是因爲人的思想與意識、觀念與作爲，千奇百怪，就是學有專精的心理學家也至難捉摸。

其實，「三界唯心，萬法唯識」，要認識「人」容易，要瞭解「人」也不難，只要能掌握住「人」的心與性。

一念三千，三千一念

古代先賢說：「仁，遠乎哉？我欲仁，斯仁至矣。」人能弘道，非道弘人，仁與不仁，在乎一心，繫乎一念，所謂「一念三千，三千一念」，就是這個道理。

清朝「揚州八怪」之一的鄭板橋，在寫給他弟弟的書信中這樣說：「以人爲可愛，而我亦可愛矣；以人爲可惡，而我亦可惡矣；東坡一生覺得世上沒有不好的人，最是他的好處。愚兄平生漫罵無禮，然人有一才一技之長、一行一言之美，未嘗不嘖嘖稱道，囊中數千金，隨手散盡，愛人故也。至於缺阨欹危之處，亦往往得人之力。」

鄭板橋的〈與弟書〉，常被編入中等學校國文教材中，這不僅是因爲鄭板橋的書信文情並茂，而且也因爲在字裡行間，常流露出對人性的關懷與生命的敬重，

令人動容。

因爲鄭板橋能夠關懷人性，所以才會「以人爲可愛」；因爲能夠以人爲可愛，所以才會讓別人認爲「我亦可愛」。人與人之間本是相互依存，相互依賴，君不見「人」字的兩筆劃是相依相靠的，只要把其中的任一筆劃拿掉，另一筆劃就頓失依恃，也就不能成其爲「人」了。

愛人如己

鄭板橋是個明理的人，也是位至情至性的人，他的情是長情，他的愛是大愛。由於他的長情與大愛，才能愛人如己，才能心似青天明月，朗照天下蒼生。關懷天下蒼生，必須以「尊重生命」爲始，「尊重生命」爲終。生命是奇妙的，人身是難得的，佛教講求「眾生平等」，佛陀教導大家要心存慈悲，無非是要我們尊重生命、善待生命、保護生命。

從宏觀的角度看，生命的價值沒有貴賤之分；人性的尊嚴也沒有高下之別。人的生命是生命，動物的生命也是生命，人命固然關天，其他動物的生命也是關

天，無私無我的關懷天下蒼生，才能使整個生態更平衡，使全體人類的心境更清淨。

爲把「尊重生命」與「尊重人性」的理念推廣到社會，落實到各角落，慈濟與內政部聯合主辦了「尊重生命」系列活動，不僅港臺知名藝人熱烈響應，國內各大企業也主動參與，一方面發揮了藝人的偶像影響力，一方面表現了大企業家回饋社會的良苦用心。這種長情大愛的本身，就是「尊重生命」的具體寫照。

心中有愛，心中有關懷，是「尊重生命」的初步，「尊重生命」不應只是口號，也不應僅是理論，而應是一種力行與實踐。愛與關懷也不要僅埋藏於心中深處，而是要把它表現於外，付諸行動。唯有付諸行動的愛與關懷才有價值，才切實際。因此，我們呼籲大家用行動來「尊重生命」，用實踐來「惜物護生」，用謙敬來維護「人性尊嚴」。

一九九三年五月

一滴水如何不乾？

「名利竟如何？歲月蹉跎，幾番風雨幾晴和；愁水愁風愁不盡，總是南柯。」

這是清代揚州八怪之一鄭板橋的詞作，字裡行間對人生的苦短與無奈，表現出萬千的情愁。

不僅是鄭板橋，所有會對人生問題做深入思考的人，都會有相同的感慨。曹

操可說是歷史上的大奸雄了，但他也有「人生幾何，譬如朝露，去日苦多」的心緒與哀愁。虛度人生不難，洞破人生不易，古往今來不知有多少人在漫漫的人生旅程中沉淪。

有位禪師曾寫下這樣的偈語：「未曾生我誰知我？生我之時我是誰？來時歡喜去時悲，合眼朦朧又是誰？普賢境界今猶在，雪滿長空花滿枝。」人生的一筆糊塗帳，恐怕只有像普賢菩薩境界的人，才能了然於胸，洞徹人生的真諦了。

滴入大海

有人問禪師：「一滴水如何不乾？」

禪師斷然回答：「滴入大海裡。」

人的壽命有時盡，而人的慧命無絕期，一滴水想要不乾，唯一的辦法就是投入大海裡，把一滴水化為漫無邊際的大海；又把漫無邊際的大海化為一滴水。禪師的應機與智慧，不得不令人敬佩。

一滴水想要不乾，唯一的辦法就是投入大海裡。

趙州從稔禪師對弟子說：「如明珠在掌，胡來胡現，漢來漢現。老僧把一枝草爲丈六金身用，把丈六金身爲一枝草用。佛是煩惱，煩惱是佛。」

學佛的人要有「心包太虛，量周沙界」的徹悟。

能「心包太虛」，就能合天地爲一如；能「量周沙界」，才能化萬物爲一體。這不正是「一滴水即大海，大海即一滴水」嗎？不正是「把一枝草爲丈六金身用，把丈六金身爲一枝草用」嗎？

能把有限的生命，投入無限的羣體中；把個人的生命化爲羣體的生命，把羣體的生命化爲個人的慧命，這樣，個人的生命哪裡會乾枯？就像已經滴入大海的一滴水，哪裡會乾枯的道理一樣。

破我執，滅我相

但如果把個人視爲一滴水，把羣體視爲大海，要讓一滴水願意滴入大海中，確實也不容易，因爲每一個個人都有「我執」，這個「我執」就往往成爲滴入大海的障礙。

執著「有我」，就難以「爲人」；能夠「爲人」，就不會執著「有我」。所以布施濟人，固有修福修慧的涵義，但最重要的，布施還有「破我執、滅我相」的功用。

其實，「我」可分「小我」與「大我」，小我是自己，大我是羣體。羣體愈大則小我愈小，小我愈大則羣體就愈小，因此，小我要愈小愈妙，大我要愈大愈好，如果每一個小我都能投入大我的羣體中，這個羣體的大我，才會壯闊流長，個人的生命才會藉大我的壯闊而永垂不朽。

大乘佛教千百年來一直在中國的土地上得到養分，在中國的土地上生根、發芽、茁壯，現在又在臺灣大放異彩了。慈濟把大乘佛教的精義詮釋得貼切而動人，「慈濟人」把「滴水入海」的精神，匯聚到大乘佛法的教義中，讓大乘佛法的教義更光彩耀目，直接受益的是苦難的眾生，間接受益的是有限形體的個人。

我們還是要再強調一次：一滴水要想不乾，就設法投入浩瀚的大海中吧！

一九九三年十月

慈悲入「骨」，「髓」緣布施

「菩薩所緣，緣苦眾生」，眾生的苦難，是成就菩薩的一大事因緣。

大乘佛教徒以四弘願爲依歸，悲苦病痛的眾生雖然無邊無量，但只要發大乘弘願，力行菩薩善道，佛道哪能不成？

成就菩提道心，至少必須具備兩項條件：一是慈悲心，一是大雄力。「慈悲無我，大雄無畏」，唯有用無我無畏的精神，度盡眾生才有可能。

「布施」，在六波羅蜜中列名第一。觀音菩薩「聞聲救苦，即時解難」的慈母情懷，地藏菩薩「地獄不空，誓不成佛；眾生度盡，方證菩提」的悲弘大願，都是以布施爲始，以布施爲終的不二法門。

菩薩行布施約略分上中下三種：以飲食粗物、軟心布施爲下布施；以衣物、寶物布施爲中布施；以頭目髓腦，盡用布施爲上布施。可見布施有其難易之分，也有其難捨能捨之別。

勝造七級浮圖

「骨髓捐贈」是「頭目髓腦，悉施於人」的最上布施，其功德最大，其因緣最勝。

我們說「骨髓捐贈」，其功德最大，是因爲「救人一命，勝造七級浮圖」，何況骨髓捐贈不僅能救人一命，而且可以救人一家；不僅可以拔人之苦，而且可以與人之樂，如此功德豈不最大？

我們說「骨髓捐贈」，其布施因緣最爲殊勝，是因爲骨髓捐贈，非人人可

爲，必須白血球八種配對完全相符才有機會，其機率萬中僅得其一，如此因緣，豈非最爲殊勝？

大乘人發菩提心，應作如是觀：觀一切眾生平等；觀一切眾生皆是前生父母、未來諸佛；作有恩想；作報恩想；作願一切眾生得樂想；作願一切眾生離苦想。「骨髓配對」在非親非故中，僅能萬中得一，如此萬分之一的機緣中，能配對成功，非前生父母、累劫眷屬則何？既是前生父母、累劫眷屬，更應作有恩想、作報恩想，如此「髓」緣布施，又豈非最爲上上乘？

慈悲必須無畏

「骨髓布施」之所以難爲，是因爲布施者心存恐懼，難發大雄無畏力。骨髓捐贈最難突破心理的障礙有三：一、捐贈骨髓是否影響自身生命？二、捐贈骨髓是否影響自身身體健康？三、捐贈骨髓是否疼痛難堪？三層顧慮未除，捐髓就難蔚爲風氣。

事實上，骨髓移植在醫學界中何止千百例，未聞在捐髓過程中曾出現任何安

全問題。雖然在「取髓」過程中全身麻醉，但以目前醫學之昌盛、科技之發達，全身麻醉少有意外。同時醫學知識告訴我們，骨髓可以再生，就像血液可以再造一樣；骨髓雖被少量抽取，很短的一兩個星期中就可再生補足，於人有益，於己無損，何懼之有？

救人一命必須有殊勝之因緣，即使有心救人，骨髓配對不符，亦難成就救人因緣，只要把自己的骨髓資料存入檔案，說不定你就可以成就救人一命的善行。生命必須尊重，慈悲必須無畏。藥師琉璃光如來曾發十二大願，令諸有情，所求皆得，其願心何等宏偉，在菩薩道上，我們豈能見死不救？

歐美先進國家，捐髓已蔚爲風氣；在臺灣，捐髓還在起步。但我們相信生活在臺灣的民眾，愛心不會落於人後，當您在簽下骨髓捐贈同意書的同時，就已表現您的高尚人格特質。樂於助人的人必是好人；樂於救人的人必是菩薩，我們非常誠懇的籲請所有的好人與菩薩，響應慈濟所發起的骨髓捐贈運動！慈悲入「骨」，「髓」緣布施，或許我們就可以成就這一搶救生命的大事因緣。

一九九三年十一月

不信感恩歲月喚不回

上個月，慈濟護專學生辦了一項別出心裁，頗具深義的活動，名稱叫做「感恩的歲月」。

先不論這項活動的形式與內容如何，光看這項活動的名稱，我們就倍受感動與安慰。

時代在變，客觀的環境也在變，隨著人際關係的冷漠與疏離，感恩的歲月似

乎逐漸離我們遠去；人性之美、親情之愛、惻隱之善，也似乎隨著感恩歲月的遠去而隨風飄逝。

人間最美是溫情

「天上最美是星星，人間最美是溫情」，沒有溫情的社會就顯得特別的冷酷與痛苦。所以，感恩的歲月必須喚回，感恩的心懷必須充實，沒有感恩之心，哪裡會有關懷之情？沒有關懷之情，哪裡會有回饋社會之實？

「感恩的歲月」活動中，同學們用心良苦的設計了一套體驗飢餓與匱乏的過程，試圖用連續二十個小時不吃飯、不睡覺的親身體驗，驗證飢餓的感受與匱乏的痛苦，進而覺知自己不虞匱乏的福與受眾生之惠的恩。有知福、感恩之心，才能培養出「人飢己飢、人溺己溺」的「無緣大慈，同體大悲」情懷。同學的用心令人感動，年輕人的熱情使人溫馨，他們嘗試找回「感恩歲月」的努力，讓我們感到社會的光明在望。

當然，體驗飢餓不是目的，體驗飢餓只是要讓我們瞭解：飢餓不是罪惡，飢

餓是一個嚴重的社會問題。

讓我們知道：飢餓並不可怕，不知飢餓的痛苦才可怕。

讓我們清楚：飢餓不是永恆的問題，飢餓是一種短暫的現象。

我們所以認爲飢餓本身不是罪惡，飢餓本身是個社會問題，是因爲人是相互依存的，這種依存關係，千百年未曾有變。因此，一個地方「民有飢色」，是那個地方所有人士之恥；一個國家「路有餓殍」，是那個國家全體民眾之辱；普天之下，路有凍死之骨，是普天之下所有人類之責。能有這樣的體認，「朱門酒肉臭，路有凍死骨」的慘劇才不會一再發生；有這樣的覺醒，「物力惟艱宜愛惜，須知四境有孤寒」的感受才會深刻。

一身獨暖亦何情？

我們所以認爲飢餓不可怕，不知飢餓之苦才可怕，是因爲不知飢餓之苦的人，永遠不能瞭解什麼是「民間疾苦」；沒有親嘗匱乏之痛的人，永遠不能珍惜現在所擁有的一切。

天下最不平之事就是「一家飽暖千家怨」，如果人人能深刻體會飢寒之苦，就會對白居易：「百姓多寒無可救，一身獨暖亦何情？心中爲念農桑苦，耳裡如聞飢凍聲；爭得大裘長萬丈，與君都蓋洛陽城」的詩句產生共鳴。

我們所以認爲飢餓不是一種永恆的遺憾，而是一種短暫的現象，是因爲我們相信：只要人人有解決飢餓的決心、信心與責任心，則自助人助，人間哪裡還會有缺憾？耳裡哪會再聞飢凍聲？

總而言之，體驗飢餓之苦，無非要培養知福與感恩之心，我們認爲「怨懟之情不可有，感恩之心不可無」，百萬顆美善的種子，都從感恩之心出。「恩」這一個字，從因、從心。因是種子，是本源；心則能畫種種相。用心播下美善的種子，用美善的本源，畫出種種相，則所結出的花果，所畫出的畫面，都會扣人心弦，沁人心脾。「不信感恩歲月喚不回，不信青史從此盡成灰」，慈濟護專同學的「感恩歲月」活動，不啻爲我們的這番信念，做了良好的示範與注解！

一九九三年六月

用慈智 撫慰生命

有人問方會禪師：「雪路漫漫，如何化導？」

方會禪師答：「霧鎖千山秀，迤邐問行人。」

這則禪宗公案，看似打啞謎，實則含深義。禪師的應機與智慧，就在一問一答間顯露無遺。

研究這則公案的人，或許因根機的不同，而有不同的體悟。但可以肯定的

是，禪師借此問答，要告訴我們一個理念與信仰，那就是：千山之秀，哪怕霧鎖？欣賞風光之美，不怕路遙。

不懼漫漫雪路

每一個人的人生旅途，並不總是春光明媚，也不總是一帆風順。人生的旅程，總難免有淒風苦雨的際遇，也不免有雪路漫漫的時候。但是「人身難得今已得」，淒風苦雨並不會影響生命的價值，雪路漫漫也不會降低人性的尊嚴，千山的秀麗當然更不會因霧鎖而失色。相反的，生命的價值可以因雪路漫漫而愈挫彌堅；千山的秀麗可能因煙雨而愈顯出眾。因此，雪路漫漫有何懼？霧鎖千山豈可憂？只要我們對生命的價值敢肯定，對人性的尊嚴肯認同，則人生的沿途風光，必然美不勝收。

「肯定生命的價值，認同人性的尊嚴」，是「慈濟」從事濟貧教富的理念依據。因爲肯定生命的價值，所以我們不放棄任何「濟世活人」的機會；因爲認同人性的尊嚴，所以我們勇於承擔「善化天下」的責任。

最近慈濟全力推動「骨髓捐贈」活動，也積極推行「國際賑災」勸募，基本理念就是出於對生命的尊重，對人性的認同。

不僅在國內，就是在國外，慈濟人的理念也是一致的，精神還是貫通的。本月五日，慈濟美國分會義診中心啓用了，這個免費服務低收入病患的義診中心，號召了八十餘位醫師、四十餘位護士、近三百位志工，不分國籍與民族、不分性別與膚色，義務輪班爲拔除低收入病患的病痛而付出。這種「無緣大慈，同體大悲」的大愛，只有在堅持「尊重生命，莊嚴人性」的信仰下，才能做出如此令人感動的貢獻。

美國如此，加拿大、日本、香港、新加坡、馬來西亞、澳洲、非洲、歐洲、中南美洲等，只要有慈濟人的地方也都如此。他們都不畏「雪路漫漫」，也不懼「霧鎖千山」。只要心懷慈悲，方向正確，心無染著，就會有「蓬萊定不遠，正要一驃風」的感覺，也才會有「俯仰兩青空，舟行明鏡中」的境界。

雲在天，水在瓶

《維摩詰經》說：「深入緣起，斷諸邪見。」正知正見相當重要，人之所以有邪見，是因為不能「深入緣起」，因緣果報是佛陀的教化，也是正知正見的來源。「善惡之報，如影隨形；三世因果，循環不失；此生空過，後悔無追。」人身難得今已得，我們豈能深入寶山空手而回？

唐朝的名士李翱問惟儼禪師：「如何是道？」

禪師以手指上下說：「領會了嗎？」

李翱說：「還沒有領會。」

惟儼禪師說：「雲在天，水在瓶。」

是的，「雲在青天水在瓶」，各盡本性，各安本分，清澈明朗。陶淵明詩亦云：「落地為兄弟，何必骨肉親？」多麼朗爽無私的大愛，這就是慈濟人的理念，也是慈濟人的作為。只要能用慈悲的心撫慰蒼生，用智慧的愛擁抱生命，則千山競秀，又何在乎風風雨雨？

一九九三年十二月

明月・歷史共爲證

慈濟第四梯次大陸澇害賑災團於六月七日出發，並於六月十三日順利完成任務返臺。這次賑災的任務，一方面驗收與展現賑災的成果，一方面繼續播下臺灣同胞愛心的種子，總的來說，也是海峽兩岸民間交流新模式的開端。

自從去年十月，慈濟展開大陸賑災工作以來，所動員的人力之多、所花費的心力之深、所投入的物資之大、所濟助的範圍之廣、所受益的人口之眾，都是史

無前例。更難能可貴的是，儘管賑災工作至艱且巨，卻點點滴滴均由慈濟獨力完成，這種爲人所不敢爲、做人所不能做的貢獻，雖不能說是絕後，但至少應是空前。

促進兩岸瞭解

或許下列的一些統計數字，可以幫助大家理解賑災工作的龐大與艱難，也或許從這些統計數字中，可以顯示些不同凡響的意義：

在安徽、江蘇、河南三省四縣裡，慈濟共規畫了六十三個社區，興建了三、一〇七戶災民住宅，蓋了二十二所專門收容孤苦無依老人的敬老院，十一所中小學校，發放了棉被三四、六六八條，棉襖褲六一、二〇三套、衛生衣二一、三二〇件，大米三、〇三二、九二五公斤，受災戶慰問金二、三九八、五二〇元人民幣，老人慰問金一一七、三〇〇元人民幣，稻種三六、九八〇公斤，化學肥料九九、五六〇公斤；總計受濟戶數一五、二八九戶，共六一、七五九人。這些都是本著慈濟「直接原則」與「重點原則」進行，對促進海峽兩岸彼此瞭解，有很

大的助益。

從賑災的過程中，我們發覺：感恩的心最美，誠懇的笑最甜，樸質的舉動最真。澇害災民感恩臺灣同胞的關懷、感謝慈濟功德會的濟助；而慈濟賑災團感恩受災民眾給予幫助的機會、感謝縣市政府在賑災過程提供了幫忙。在相互感恩與感謝中，構成一幅最美的畫面，這是人性光輝的綻放，是賑災工作的另一項收穫。

同體大悲

中國農民一向刻苦儉樸，他們樂天知命，逆來順受，善良無比。去年澇害讓他們原來困苦的生活雪上加霜，使他們雙眉深鎖，難得開朗；這次面對慈濟賑災團，他們終於笑了，笑得那樣的誠、那樣的甜，讓賑災團的每位成員都感受到他們的開朗，這難道不是「無緣大慈，同體大悲」的體現嗎？看見他們笑了，賑災團的成員也笑了，在笑聲的互相激盪中，關懷與感恩交流在一起，又是一幅感人的畫面。

中小學生以最盛大的陣容，聲嘶力竭的高喊：「歡迎，歡迎，熱烈歡迎；感謝，感謝，衷心感謝！」而受災農民們以粗糙而厚重的手，緊緊的握住慈濟賑災團每位成員的手，他們雖然拙於言詞，但透過他們質樸的雙手，似乎可以感覺到他們的感謝之誠，激動之真。

「今人不見古時月，今月曾經照古人；古人今人若流水，共看明月應如此。」時間不斷推動著人類的歷史，人類的歷史不斷發揮著惕勵的作用，慈濟的大陸賑災工作，是海峽兩岸史無前例的工作，將來如果發揮作用，歷史與明月將是最可靠的證人。

一九九二年八月

心中常念病患苦

小時候，最畏懼兩種人：一是醫師，一是護士。
長大了，最崇拜兩種人：一也是醫師，一也是護士。
現在，最敬佩兩種人：一還是醫師，一還是護士。
小時候最畏懼醫師與護士，是因爲生病時，醫師總要我們吃藥，護士總要我們打針。

長大了最崇拜醫師與護士，是因爲傷痛時，醫師總會即時解難，護士總能尋聲救苦。

現在最敬佩醫師與護士，是因爲在最需要他們時，他們總會無怨的付出，無尤的關懷，不管白天或黑夜，不論晴天或雨天，年年月月，月月年年。

現代白衣大士

尤其穿著一身潔白，宛如芙蓉出水的護理人員，匆忙走動門診區內，輕柔穿梭病房之間，一舉手、一投足，都牽動著病人的喜怒哀樂；一顰蹙、一笑顏，都帶動了病人的希望與失望。溫言暖語的慰撫，像母姊般的慈祥與親切；感同身受的關懷，像菩薩般的婉約與慈悲。這也就是證嚴上人一再尊稱護理人員爲白衣大士或觀音菩薩的原因。

「偉大是什麼？我們不知道。

我們知道小草在露珠的滋潤下，一天天的長高；

遼闊是什麼？我們不知道。
我們知道一粒粒沙石的積累，寫下大地的無垠和浩渺；
永恆是什麼？我們不知道。
我們知道從早晨到夜晚，日月不曾停歇的為蒼生俯照。」

在慈濟基金會的簡介中有上述的這段話，它看起來像詩又像詞，似霧又似花，有迷樣般的朦朧之美，有幽邈般的高超意境。如果以這段話來形容我們的護理同仁，那是再恰當不過的了。

恢宏大愛

我曾經聽過很多有關我們護理同仁關懷病患的感人故事，也知道我們護理同仁有許多訴說不完的慈懷柔腸，悲憫病患的事蹟。每一次聽到這些感人至深的故事時，我都會感動得不能自己，忍不住要把這些事蹟向我們的會員炫耀，向廣大的社會民眾推介，因爲這不僅是我們護理同仁的光榮，也是我們慈濟人的榮耀。

我常想：奢談偉大何益，只要能像我們護理同仁用慈愛與關懷，滋潤著每一位病患枯萎的心，撫平他們的創傷與病痛，這種「拔苦與樂」的貢獻，就是無涯無際的偉大。

我也常想：不要奢談什麼是永恆，只要能像我們的護理同仁，日夜不停的照拂傷痛的眾生，分秒不歇的拭去病苦的淚水，這就是無窮無盡的永恆。

我們的護理同仁，經歷了千錘百鍊，決少有「儂今葬花人笑癡，他日葬儂知是誰」的那種林黛玉式的孤芳自賞的閉塞私情。有的是「心中常念病患苦，耳裡如聞呼痛聲」的恢宏大愛。

慈濟醫院已逐漸在臺灣杏林中樹立了風格，闖出了名號，這都是醫護同仁辛苦耕耘的具體成果。慈濟醫療網的建立，是社會大眾的期望，醫護同仁真是任重而道遠了。證嚴上人常說：「願有多大，路就有多遠。」古人也說：「路遙知馬力，日久見人心。」相信我們醫護同仁都是日行千里的良駒，具有忍人所不能忍的仁心與仁術！

一九九一年十二月

春風煦煦揚師道

被蘇東坡譽爲「文起八代之衰，道濟天下之溺」的唐代大文豪韓愈，一千二百多年前就曾爲文感歎的說：「師道之不傳也，久矣，欲人之無惑也，難矣！」事隔一千二百多年後，韓愈的感歎，聲猶在耳，而我們的感覺仍是：「師道之不傳也，猶甚矣，欲人之無惑也，愈難矣！」

我們說這話並無藐視師道之意，相反的，我們因爲尊師重道心切，才會有這

樣的感慨。

做經師，更要做人師

韓愈在這篇被傳誦千古的〈師說〉中說：「古之學者必有師，師者，所以傳道、授業、解惑也。」仔細研究這番話，我們發覺韓愈只是強調了「經師」的職責，而忽略了「人師」的重要。其實，一位盡職的老師，不僅要做「經師」，更要做「人師」。

「經師」只盡「傳道、授業、解惑」功能，「人師」兼具人格感化、氣質薰陶良能。故做「經師」易，當「人師」難；既爲「經師」又爲「人師」，更難。因爲要做「人師」，必先具備孟子所作的「浩然之氣」。

什麼是「浩然之氣」？用蘇東坡的話說：「是氣也，寓於尋常之中，而塞乎天地之間。」換句話說，「浩然之氣」就是煦如春風，無所不在的正義之氣。有了這股浩然正氣，才能發揮教育的陶冶作用，也才能善盡「人師」的本分。

「人能弘道，非道弘人」，師道必須靠老師來弘揚，尊師必須靠社會來提

倡，我們之所以倡導老師要「善養吾浩然之氣」，旨在充實老師的威德，厚植老師的內涵，散發老師的人格特質，產生春風化雨的教化功能，達到韓愈所說的「道之所存，師之所存」的境界。

一般而論，「經師」的言教成分大，而「人師」的身教成分多。過去教育觀念過分偏重言教，故產生不少弊病。教育要振衰起弊，強調「身教」，勢所必然。老師是學生的榜樣，如果言行不能合一，又如何能發揮潛移默化的良能？

強化師尊

慈濟四大志業中的教育理念，不僅在有形的創辦學校，更在無形的振興師道，強化師尊，匡正教育風氣，標舉師生倫理。

前面我們提過，師道之行也，關鍵在老師；師道之尊也，關鍵在社會。老師必先行師道，而後社會才尊師。這和「人必自重，而後人重之」的道理一樣。

一批矢志獻身教育的男女老師，已發覺慈濟精神是提振師道的良藥，因此志同道合、自動自發的組成「慈濟教師聯誼會」，藉慈濟精神自我反省與提振、自

我要求與自律、自我充實與淨化，做到不僅爲「經師」，更要爲「人師」的自我期許。這是老師們的自我覺醒，是師道之行的再出發，師道之尊的再紮根。

每年九月二十八日是教師節，當中央與省市各界，行禮如儀的慶祝教師節之際，慈濟世界的教師們以實際的行動，從自我提升出發，落實師道之行；從自我涵養開始，重建師道之尊，值得大家注目與重視，也值得社會喝彩與肯定。相信「慈濟教師聯誼會」功不唐捐，也希望有志一同的老師能加入他們的行列，讓師道再提振，讓老師再挺胸，讓學生再尊師，讓教育有良性的傳承，讓社會有善的循環。

一九九二年十一月

清涼的心靈之旅

對中小學生來說，暑假是期待已久的喜悅；但對學生家長來說，暑假是揮之不去的煩惱。

學生對暑假的喜悅，是因爲在漫長的時期中，可以暫時擺脫師長的管教與枯燥乏味的課業；家長對暑假的煩惱，是因爲假期漫漫，小孩脫離了教育的掌握，離開了師長的視線，他們何去何從，總讓人放心不下。

於是，許多學生家長在暑假即將開始時，就爲小孩規畫假日的生活，爲孩子安排暑期的課業，大人們不敢掉以輕心，孩子們沒有喘息的機會，於是各種暑期才藝班、課業輔導班應運而生，暑期成爲孩子與父母的共同陰影。

學生家長的如履薄冰不難理解，孩子內心的憤憤不平也不難想像。就孩子們的立場，好不容易可以「輕鬆一夏」，就這樣輕易的被剝奪，難怪小孩子會對父母毫不放鬆的安排有怨言。

如何在家長的苦心與孩子的不平間取得一個平衡點，既能讓孩子有一個較輕鬆的暑假，又能滿足父母的預期？於是各種青少年或兒童的夏令營如雨後春筍，由各種不同性質的單位或團體主辦，吸引了不少學生家長的興趣。

敎育即生活

安排孩子參加兒童或青少年夏令營，確實是項非常不錯的主張。在營隊中有輔導員的指導，有感性與知性活動的安排，也有羣體生活的體驗，能夠滿足孩子們輕鬆歡樂的要求，又能符合父母不讓孩子在暑期野壞了的期望，自然是考慮孩

子暑期何處去的較佳選擇之一。

但夏令營的種類繁多，如何從中精挑細選出適合孩子的夏令營，不僅孩子們關心，父母親也應深思熟慮。一個對孩子身心有益的夏令營，應是能在生活中培養孩子敬人助人、自重自愛的純真人格。西方哲學家杜威曾極力主張「生活即教育」，他所強調的是：教育不能脫離生活，生活也不能離開教育。夏令營如果只偏重於嬉戲玩樂，孩子的受益必然不大。理想的青少年夏令營，應能寓教於樂，在歡樂中不荒廢學習，在生活中不脫離教育。

學佛的孩子不會變壞

近幾年來，每到寒暑假，「慈濟」都舉辦「大專青年營」與「兒童學佛營」，所秉持的理念就是讓孩子們在成長過程中，認識到人我的正確關係，覺悟到生命的平等與可貴，從生活中培養關懷生命，敬重人性的理念，達到長養慈悲心的目的。

「每天都是我們生命中的一張白紙，每一件事都是一篇生動的文章。」「慈

濟」舉辦夏令營，就是希望所有參加的人，不管是學員或輔導員，每天都有一篇生動的文章，豐富自己的人生。

夏令營不但要有豐富的內容，也要有清新的場地，慈濟夏令營在花蓮慈濟護專舉行，孩子們可以直接的接觸大自然，可以體會山河的壯麗，培養開闊的心胸，而且「學佛的孩子不會變壞」，讓孩子有一次清涼的心靈之旅，或許孩子會受益無窮，而父母也會歡喜自在吧！

一九九三年七月

青青子衿，悠悠我心

差不多每個人都會同意教育很重要，也差不多絕大多數的人都會同意現在的教育已亮起紅燈，有識之士也常常發出：「青青子衿，悠悠我心」的感歎。似乎大家對現在的教育憂心忡忡，但似乎大家也對存在的教育問題又百般無奈。究竟我們的教育問題出在哪裡？又究竟我們應該用什麼方法，對治這已經亮起紅燈的教育問題？議者必各說各話，莫衷一是。

其實所有的教育問題都出在一個「心」上，缺乏「愛心」是整個病狀的癥結。沒有愛心，就沒有「愛的教育」；沒有「愛的教育」，受害的不是老師，而是學生。

記得在二、三十年前，教育主管部門曾經大力推行「愛的教育」，並印行由外國翻譯而來的《愛的教育》一書，要求中小學老師研讀並力行。曾幾何時，這項過去喊得漫天價響的「愛的教育」，現在已煙消雲散。「功利」取代了「愛」，「冷漠」取代了「關懷」，「暴戾之氣」取代了「絃歌之樂」，校園當然也就永無寧日了。

用智慧、愛心施教

事實上，在各級學校中，有愛心的老師還是不乏其人，他們默默的爲培育下一代付出愛心與關心。像「慈濟教師聯誼會」的老師，就是踏踏實實、身體力行「愛的教育」的灌溉者。

提起慈濟教師聯誼會，所有的慈濟人都會肅然起敬；而瞭解慈濟教師聯誼會

作爲的人，對他們的精神與愛心也會萬般感佩。他們確實是教育界的新希望；是校園裡的涓涓清流。

慈濟教師聯誼會的老師，不僅用「愛心」輔導學生，更用「智慧」教育學子。只有用「愛心」與「智慧」，校園的涓涓清流，才能成爲壯闊的巨流，也才能洗滌遭人嚴重誤解的校園汚點。

「愛的教育」在慈濟教師聯誼會的推動下，正逐步在校園中開展，截至目前，已有好幾個「愛的教育」的成功例子，讓人津津樂道。如果說校園清流正發揮洗人心智的作用，那麼慈濟教師聯誼會的老師們就功不可沒。

最值得一提的是：慈濟教師聯誼會的老師們，將證嚴上人的《靜思語》帶進了校園，讓學生從日常生活中去體會《靜思語》的智慧，去落實《靜思語》的精神。

「靜思語教學」的功用，在於能夠讓「頑石點頭」，讓莘莘學子的天真本性發揚。誠如吳秀英老師所說的：「『靜思語教學』使學生、老師與家長，彼此都在良性的互動中成長。」這就是智慧，這就是愛心，這就是涓涓清流，這就是現在臺灣最需要的良性教育，難怪美國加州中文學校的校長們會感歎的說：「靜思語

國，爲中文學校的老師介紹「靜思語教學」。他們當場邀請吳秀英老師能利用假期到美教學」正是他們踏遍各地所要找尋的。

不愛不成器

孩子的可塑性愈大，老師的責任就愈重。一般的傳統觀念認爲：孩子「不打不成器」，其實應該說：「不愛不成器」。但愛並非溺愛，而是諄諄善誘的慈愛，上人常常鼓勵老師們：「要以父母的愛心對待學生，以菩薩的智慧教育子女。」用父母的愛心與菩薩的智慧，才能構成完美的「愛的教育」。

二、三十年前教育主管部門所要推動的「愛的教育」的理想落空了，二、三十年後的今天，慈濟教師聯誼會的老師們將證嚴上人的法語運用在教學上，而使「愛的教育」的理想漸漸的實現了。當然清流涓涓，還有待全國教師的響應和參與，涓涓清流才會變成校園內的壯闊清流；校園的清流壯闊了，我們的社會才有希望，學生與家長也會更有福。

一九九四年五月

要以父母的愛心對待學生，以菩薩的智慧教育子女。

化雨的春風

「師者所以傳道、授業、解惑也。」

因此，「老師」自古以來就一直「任重道遠」；自古以來也一直「備受尊崇」。

孔子「有教無類」，千百年來被尊稱爲「至聖先師」，這不僅是孔子能夠「因材施教」，發揮「十年樹木，百年樹人」的教育精神，更重要的是孔子所散發

出來的那股人格薰陶的特質與浩氣。

「天、地、君、親、師」，在封建時代，「師」的地位和君王與父母親並列，其受推崇與重視的程度可見一斑。尤其中國人非常講究「尊師重道」，「尊師」所以置於「重道」之前，意味著：「道」須由「師」傳，所以欲「重道」，先「尊師」；能「尊師」，才會「重道」，印證了孔子「人能弘道，非道弘人」的說法。於是「弘道」就成爲老師的重要任務之一了。

以身作則的教化

「師」，依教化力量的大小與深淺可分「經師」與「人師」。韓愈所說的「師者，所以傳道、授業、解惑也」，似乎只強調了「經師」的職業功能，影響所及，後代就把「老師」的責任，定位在書本上的知識傳授，只盡「教化」中「教」的功能，而忽略了老師對學生應有的「化」的良能。

「化」，就是潛移默化，是一種人格涵養的轉化與昇華。孔子弟子三千，而較有成就者七十餘人而已，以孔子那種身教與言教兼施，實踐與理論並備的教育

方式，「教化」效果尚且如此難顯，那麼僅止於課本知識與技能傳授的現代教育，其教化功效就更微乎其微了！

「老師」所以受人尊敬，不在於諄諄善誘的道業傳授，而在於處處「以身作則」的人格薰陶。事實上，經驗告訴我們，做「經師」容易，做「人師」難；「傳道授業」容易，「春風化雨」難。

想做到善盡「人師」的責任，必須「解行並重」，身教言教齊施。一方面要不忽略傳授道業的言教職責；另一方面要不疏忽「爲人師表」的身教氣質與人格。

師恩浩蕩

教育工作本來就是一件清苦高潔的工作，但能得天下英才而教之，也是人生一大樂事。老師對學生的影響力不僅在課堂上，而且在終其一生，這就是「老師」的偉大處，也是師長的尊貴處，古人有「一日爲師，終生爲父」的明訓，師恩浩蕩由此可見。

客觀環境在變，時代潮流也在變，但老師的影響力永遠不會變。因此，我們心目中的良師，是要有杜甫「飄飄何所似，天地一沙鷗」的高潔志向；更要有屈原「內惟省以端操兮，求正氣之所由；漠虛靜以恬愉兮，澹無爲而自得」的操節與持守。

每年的九月，是屬於老師的月份，因爲九月是各級學生重拾書包，再續絃歌的月份；是老師重返校園，整裝再出發的月份；是至聖先師誕辰的月份，是國定假日教師節的月份。爲表示對這個月份的重視，九月二十八日當天會有各種行禮如儀的慶祝活動，在此，我們也不能免俗的要向老師們說聲：「教師節快樂。」當然我們也要呼籲大家，要爲重塑社會「尊師重道」的形象而致力。

「師道之不尊也，久矣；欲人之無惑也，難矣。」社會的明暗，繫乎教育的興衰；教育的興衰，又繫乎全體教師的用心。挽救社會亂象，重建社會良心，就從「尊師重道」開始。

一九九三年九月

只要路正，不怕路遙

天增歲月人增壽，匆匆又一春秋。新的年頭，帶來新的希望，我們衷心恭賀大家新年快樂，事事如意，福慧雙修。

過去，我們度過了一個非常充實的一年，慈善志業從海峽此岸到海峽彼岸，從臺灣到海外，從亞洲到歐美，從北半球到南半球，以穩實的步伐，邁向國際化。醫療志業從門診量的增加到質的提升，從院內的服務到院外的關懷，從西醫

的診斷到中醫門診的開設，從醫療點的懸壺到醫療線的濟世，醫療志業正朝醫療網的方向，全力以赴。

有心就有福，有願就有力

教育志業除慈濟護專卓然有成，校譽日隆外，慈濟醫學院的籌備工作無日稍怠，海外學人與國內醫學精英日聚，預定明年順利招生，作育良醫可期。文化志業從佛陀精神的弘揚到慈濟精神的落實，從家庭倫理的新詮到社會文化的強化，從生態環保的推動到心靈人文的昇華，慈濟精神與文化從都市走到鄉村，從個人走到人羣，預約人間淨土指日可待。

上人說：「有心就有福，有願就有力。」只要緣深，不怕緣遲；只要路正，不怕路遙。慈濟「緣苦眾生」，對苦難眾生的關懷既深且切，拔苦與樂的心願既弘且長。只要人間淨土一天不到來，慈濟的工作就一天不休止。因此，展望未來一年，可以預期到的是，慈濟人的責任將更重，慈濟人的道路將更遠。

尊高年，所以長其長；慈孤獨，所以幼其幼。「民吾同胞，物吾與也」，這

就是慈濟人的悲心，這就是慈濟人的大願。慈濟人的悲心與大願，也就是佛陀諄諄教導我們的「無緣大慈，同體大悲」的本懷。

孟子說：「君子所以異於人者，以其存心，君子存仁心，存禮心。仁者愛人，有禮者敬人。愛人者人恆愛之，敬人者人恆敬之。」這裡所謂的仁，就是慈悲，所謂的禮，就是智慧。因爲仁者愛也，禮者理也，愛人者有福，敬理者智慧，就是我們所謂的福慧雙修。離仁離禮，而欲談慈悲與智慧，簡直就是捨本逐末了。

長情大愛

談情要談長情，說愛要說大愛，慈濟把長情從臺灣擴及到大陸，把大愛從海島伸延到國際，把臺灣人的尊嚴、佛教徒的形象，重新振作與塑造起來，可惜還是有人不能體會慈濟人的苦心，不能瞭解慈濟人的用意，我們除了遺憾之外，也稍帶一點無奈。

寒山詩云：「蒸沙擬作飯，臨渴始掘井；用力磨碌磚，哪堪將作鏡？佛說元

平等，總有真如性；但自審思量，不用閒爭競。」蒸沙哪能作飯？磨磚豈能作鏡？佛陀的平等慧與真如性，慈濟人都應審自思量。

上人一再叮嚀我們：「要自讚，不要誹他。」欣賞別人，就是莊嚴自己，在迎接新的一年的同時，希望大家以此自勉。對別人的批評我們要深自警惕，對別人的指教我們要虛心敬受。我們要再次強調：「只要緣深，不怕緣遲；只要路正，不怕路遙。」體會慈濟「難忍能忍，難行能行」的精神，才能在菩薩道上勇猛精進，永不退轉。

一九九三年一月

亭亭生妙香

慈濟醫院滿七歲了，作爲慈濟四大志業之一的慈濟醫療志業，總算在各方的呵護下，渡過了「幼兒成長期」；在各界的期許下，爲拔除眾生的病苦，貢獻了心力。

七歲，是就學的年齡，在人生的路途中，七歲是最關鍵的一刻。幼兒期，必須靠大人們無微不至的照顧，才能順利成長，但進入少年的成長階段，必須靠自

己的自立自強，才能爲未來的發展建立深厚的基礎。

因此，在慈濟醫院慶祝建院七週年的同時，我們以一點祝福與三點期盼，作爲慈濟醫院七週年慶的獻禮。

不生不滅，不垢不淨

一點祝福是：我們祝福慈濟醫院以觀世音菩薩的悲心與地藏菩薩的願力，拔除人間的一切病苦，喚回社會大眾對醫護人員的尊敬。醫師懸壺濟世，可以爲人療傷止痛，治人無數，所以不應僅視爲一種行業，更應視爲一種志業。醫護人員雖然也和一般人一樣，處於生老病死諸種煩惱苦厄中，但所不同的是，醫護人員更要有《心經》上所說的「不生不滅，不垢不淨，不增不減」的慈悲與智慧，才能達到「亭亭生妙香」的境界，也才會有「自在水雲鄉」的體會。

三點期許是：一、期望慈濟醫院能更上層樓，不僅在硬體設備上要精益求精，在軟體的醫療服務品質上，也要不斷提升，尤其，在醫院的管理上，更要不斷求新求變。管理是統合軟硬體服務的總樞鈕，有更健全的管理，才會有更上層

樓的發展。「欲窮千里目，更上一層樓」，只有更上一層樓，眼界才會更開闊，放眼沃野萬里，心態自然不會故步自封。

第二，我們期許慈濟醫院能配合慈濟醫學院明年的招生計畫，齊頭並進，成爲臺灣東部第一所醫學中心醫院。在習慣上，許多人把臨床醫學與基礎醫學分開稱呼，分門別類，事實上，它們是體用相成，一體兩面。也就是說要有好的醫學教育，必須要有好的臨床醫院做後盾；而要有好的臨床醫療服務品質，也必須要有好的醫學研究做基石。

世界最有名的醫院，都會有一所有名的醫學院；同樣的，世界上最有名的醫學院，也會有一座出色的醫院。慈濟醫院已經邁入第八個年頭，慈濟醫學院則剛剛要起步，以相互提攜，相輔相成的共識與努力，臺灣東部第一所醫學中心醫院應該指日可待。

尊重生命

第三，我們期許慈濟醫院能夠更主動積極，從事偏遠地區的醫療服務工作。

臺灣醫療資源大都集中在大城市，山地鄉或偏遠地區的民眾較少能獲得醫療的普遍照顧；做爲佛教與慈善的慈濟醫院，應義不容辭的負起照顧偏遠地區民眾的醫護責任。「尊重生命，尊重人性」是慈濟人的重要理念，要落實這項理念，醫療志業是最重要的一環。

慈濟醫院帶著數百萬人的祝福與期許，堂堂邁進第八個年頭，在未來的歲月裡，必須整裝迎接慈濟醫學院招生的到來。雖然過去七年，慈濟醫院的貢獻與成就，大家有目共睹，但自滿是進步的絆石，自大就無法讓服務的品質再提昇，慈濟醫院在「更上層樓」的過程裡，還有無數的階梯要前行。

明朝大儒方孝孺在〈深慮論〉一文中說：「慮天下者，常圖其所難，而忽其所易；備其所可畏，而遺其所不疑。然而禍常發於所忽之中，而亂常起於不足疑之事。」慈濟醫院要在穩健中求發展，小地方不能疏忽，看似容易的事也不能輕視，古人說「履霜堅冰至」，就是這個道理。欣逢慈濟醫院七週年慶，我們以此祝福並相勉勵。

一九九三年八月〈慈濟醫院七週年慶感言〉

下卷

歡喜菩薩滿人間

走在積極造福、利濟衆生的菩薩道上，
萬千慈濟人莫不感受到「持正法、走正道」的歡喜。
在證嚴上人的帶領下，
慈濟世界正如無數的歡喜菩薩，降臨人間，
以具體行動落實佛法，
為濁世灌注一股壯闊的清涼活水。

今天我們來說故事

一個便當的故事

如何化恨為愛的親身體驗

今天的故事就從「一個便當的故事」說起吧！

每次講這個故事，內心總會有一股無名的酸楚。我還非常清楚的記得，在母親節的前夕，一位十五、六歲，花樣般年華的少女站在講臺，面對三、四千人，泣訴著一個便當的故事時，只看見臺下的男女老幼，淚眼相對，泣聲相聞，由於天氣炎熱，濕透他們臉上的，不知是淚水，還是汗珠？就連我這個自認「理智重於感情」的鐵石心腸的人，聽到動容處，也不免珠淚兩行。

「一個便當的故事」是發生在慈濟世界裡頭的許多故事之一。或許有人已經知道慈濟，也或許還有許多人不知道慈濟，還是讓我先介紹一下慈濟，才有助於對整個故事的瞭解。

慈濟是一個宗教性的團體，也是一個慈善性的團體，是由證嚴上人所創辦的。目前慈濟所從事的工作分爲四大項目，我們稱爲「四大志業」，那就是慈善、醫療、教育、文化。「一個便當的故事」就是發生在慈濟教育志業的慈濟護理專科學校裡頭。

慈濟護專的辦校理念自始至終鎖定在：培養具有慈悲喜捨，充滿愛心與智慧的白衣大士。白衣大士就是觀世音菩薩，在中國人的心目中，觀世音菩薩是救苦救難的守護神，千手千眼，聞聲救苦，即時解難，已深入民間信仰中。而慈濟護專就是爲培育能「聞聲救苦，即時解難」的護理人員而創辦的。

懿德母姊的教化

爲了培養慈濟護專學生的愛心，養成她們高度關懷人羣的宗教情懷，慈濟護專的特色之一，就是實施了「懿德母姊制度」。懿德母姊是由部分慈濟委員擔任，她們用柔順的女性特質與無所求付出的母性光輝，以慣有的母儀風範，作爲學生人格薰陶的榜樣，並充當學生與學校之間溝通的橋梁。

懿德母姊制度實施的方式是：每三位懿德母姊，輔導九位學生；換句話說，每三位同學就有一位懿德母姊的輔導與關心。懿德母姊用言教，也用身教，所扮演的角色亦母亦姊，亦師亦友，希望透過她們的撫慰與關懷，能涵養同學的愛心，培養同學奉獻的服務觀，學成後能成爲未來救苦救難的「白衣大士」。

懿德母姊制度實施了幾年，確實發揮了潛移默化的教育功能，「一個便當的故事」就是一位慈濟護專同學，受到懿德母姊的輔導與感化，化恨爲愛，轉消極爲積極，化悲觀爲樂觀，親口說出來的真實故事。

這位同學出生在一個不太健全，也不太美滿的家庭，還不到四歲，她的母親就與父親離異。她從小得不到母親的照顧，更得不到母愛的滋潤，每當看見同齡的玩伴天天有母親噓寒問暖，事事有母親關懷照料，早上有母親叫她們起床，晚上有母親喝洗澡、睡覺；放假還有母親陪著到郊外遊玩，偶而還會看見人家的母親摟抱著子女輕聲細語；也看見同學在母親的懷裡打滾撒嬌，打從心裡一則羨慕，一則嫉妒。羨慕的是，如果在母親懷裡撒嬌的是自己，該有多好？嫉妒的是，爲什麼天之驕女總是別人？

盼望母親做的便當

小學時期，對人的一生來說是充滿好奇的年齡，小小的心靈會對許多事情產生迷惑。看見每位同學上學時，除了書包外，還有母親幫她們準備的便當，飯盒裡飄出來的陣陣菜香，令她更想起母親，更渴望著母愛。她常常想，如果有一天，也能像同學一樣有母親幫她準備的便當帶著，該有多幸福！

但夢想總歸是夢想，從小學到國中，她就是一直盼不到一個由母親親手幫她準備的便當。最令她難過的是，每到學校放學，她總會看見許多同學的母親，等在學校的大門口接送；遇到天氣突然下雨，同學的母親也會冒著風雨，專程把雨傘或雨衣送到學校。每當學校有運動會，她也會看見同學的母親，帶著水壺爲自己的子女擦汗加油；而她的汗總是自己擦，沒有人關懷，沒有人噓寒問暖；天再冷，雨再大，她總是畏縮獨行，猶如被大地遺棄的孤兒，永遠孤伶伶的，從來不曉得喊媽媽的滋味。

國中畢業，她以優異的成績考上慈濟護理專科學校，對一個即將從臺北到花

蓮求學的遠行學子來說，對一個即將離開家門，投入完全陌生環境的少女來講，這都是一件非常重要的事情。臨行前的一個晚上，可以想像到，多少母親正親手爲子女準備行李，向子女殷切叮嚀。可是她只能自己一個人默默打點，看不見母親的影子，聽不到親切的叮嚀，她的心情很落寞，也格外的感到孤獨。

在開往花蓮的北迴鐵路自強號火車的車廂裡，看見部分同往花蓮慈濟護專註册的同學，都有母親或家人陪同，他們在車廂內有說有笑，有的母親還不斷叮嚀著要如何在外照顧好自己，要遵守校規、要好好讀書，以及應如何交朋友等等。叮嚀總是千篇一律的，在同學們聽起來或許會嫌嘮叨，但在她的感覺中，這樣的叮嚀，聽它千遍也願意。愈是多看這種母女深情的畫面，愈有一番心酸的滋味襲上心頭。

自怨自艾

因此，她自怨自艾，她恨她的母親爲什麼在她那麼小的時候，就忍心棄她而去；她恨老天爺爲什麼對她這麼殘忍，給別人的是慈愛的母親，給自己的卻是孤

苦的童年；她恨別人的家庭總是那麼美滿，而自己的家庭卻是那樣陰霾；她也恨自己命運的乖舛，雖然她不在乎物質生活的匱乏，卻非常在乎母愛親情的有無。

靜靜的坐在車廂的一角，從童年到現在，一幕幕活生生的影像，不斷浮現在淚眼模糊中，同學的便當、母親的雨傘、接送上下學的雙手、呼喚回家吃飯的聲音，這些都是她從來沒有過的經驗。

有時她想，既然在現實的世界裡，得不到母愛的滋潤，或許在夢裡，還可以找回短暫虛幻不實的親情，所以她好想做一場母女親情的美夢，可是造化弄人，就連作夢，母愛親情也從沒有入夢來。她愈想愈傷心，愈想淚眼愈模糊，愈想也就愈怨、愈恨、愈不平。

從臺北到花蓮，自強號的車程不到三個小時，但在她的感覺中，好像坐了好幾年那麼久，看看別人，想想自己，這段車程實在太難熬了。

到了慈濟護專，懿德母姐開始與「女兒」們相認了，三位懿德媽媽認了九位「女兒」，這位同學一下子有了三位懿德媽媽的關懷，覺得新鮮，又感到不自在。她總認為懿德媽媽再親，還是不能和親生的母親相提並論，她懷疑懿德媽

媽，是否能填滿她對母親的渴望，與長時期以來心靈上的空虛和失落。

對於具有愛心與耐心的懿德媽媽來說，同學的這項反應確實是一項艱巨的挑戰。少女的心情，常常「晴時多雲偶陣雨」，但懿德媽媽相信用關懷與愛心，可以拉近和「女兒」之間的距離，只要不求回報的付出關懷，以親生女兒對待，誰說她們不會以親生母親回報？

果然，經過一段時間的相處，同學與懿德媽媽不僅能夠打成一片，而且還到無話不說的地步了，偶爾做「女兒」的還會回「娘家」，和懿德媽媽共享「天倫之樂」呢！

化恨為愛

有一天，這位同學到懿德媽媽的家裡與懿德媽媽一家團聚，歡樂的時光總是那樣苦短，到了必須分別的時候了，懿德媽媽用車送她到車站。臨上火車，懿德媽媽從手提袋中，小心翼翼的拿出一盒特別爲她準備的溫熱便當，拉起她的手，慢慢的把便當交到她的手中，並且告訴她，上車後要趁熱吃了，涼了就不好吃。

這位同學接到這盒突如其來的便當，一時百感交加，十多年來一直夢寐以求的「便當」，現在總算美夢成真了，一個媽媽親自做的便當，她終於能夠嚐到了，她實在太驚喜了，帶著便當匆匆忙忙的上了車。火車開動了，揮手道別了懿德媽媽，才猛然想起來，不知自己有沒有向懿德媽媽說聲「謝謝」。

拿著便當，坐在座位上，覺得好溫馨、好幸福，記起懿德媽媽依依不捨拉手話別與殷切叮嚀的情境，她的心就像捧在手上的便當那樣溫暖。她非常珍惜這個便當，一直捧著它、看著它，實在捨不得吃，直到便當涼了，才小心翼翼的打開，一口一口慢慢的吃，愈嚼愈好吃，愈吃愈甜蜜。她說她一生中，從來沒有吃過這麼好吃的便當，這時她才深刻的體驗到懿德媽媽所帶給她的，不只是媽媽的親情，而且還有菩薩的長情大愛。

於是她覺悟了，她知道在心中不能再充滿怨恨，不能再恨她的母親，她要化恨爲愛，把嫉妒化爲關懷。因此在母親節的前夕，她雖然不知道她的親生母親現在究竟身在何方，但是她還是要祝福她的母親永遠快樂，也祝福天下的母親永遠快樂。

這是慈濟護專實施懿德母姊制度的成果之一。其實，懿德母姊感化學生的例子還有不少，再說另外一個故事吧！

「觸境三悟」的故事

惜福、樂受、貧中富

這個故事也是護專同學自己親身體驗，親口講述出來的。而這位同學跟前面的那位同學，無論家庭背景與生活境遇，都是完全不同。

這位同學有一個非常美滿的家庭，從小就受到父母的疼愛，尤其母親，更把她看成掌上明珠，除了在生活上給她最好的物質需要之外，教育上也盡可能的要使她能成爲人人稱羨的鳳凰。

然而，這位同學卻人在福中不知福，當然更不懂得惜福，也不懂得感恩，她和時下一些叛逆的女孩一樣，從來不做家事，腦海裡充滿著「只要我喜歡，有什

麼不可以」的任性想法，動輒嗔怪父母管束太多，也嫌厭父母嘮叨。母親要她練習鋼琴，她會一臉不高興的說：「彈不彈鋼琴是我的事！」母親對這位嬌生慣養的女兒，實在莫可奈何。

眼看這位同學即將從臺北遠到花蓮就讀慈濟護專了，她的母親有些擔心，不知她的女兒會不會因爲太任性，而和同學合不來。

確實，從小養成的任性脾氣不是一下子就能夠改變過來的，但在慈濟護專充滿人性關懷的大環境薰陶，以及在懿德媽媽細心應機施教下，頑石開始點頭了，璞玉經過琢磨，逐漸綻放光芒了。

訪察長期濟助戶是慈濟委員的義務工作之一，慈善志業是慈濟四大志業的重要一環，對於孤老無依，貧苦殘疾的人，都會給予長期的濟助。但濟助之前，慈濟委員要先去調查是否屬實，並了解這個個案應該怎麼幫助。濟助之後，慈濟委員還是會每個月定期去探望、去關懷。

這一天，懿德媽媽帶著這位同學，去探訪三個慈濟的照顧戶個案，三個個案看下來，這位同學有了三種覺悟，使得她的人生觀與價值觀，有了明顯的改變。

一悟「惜福」

她們看的第一個個案是一個非常貧窮的家庭，這個家庭有五個小孩，幾乎一年生一個，最大的是國民小學五年級，當她們進入案主低矮而破舊的家門時，這位同學說，她真不敢相信天底下還有這麼可憐的人，臺灣還有這麼貧窮的家庭！

最令她感到震撼的是那五個小孩，每一個人目光呆滯，畏縮的站在冷冷的角落邊，或許是太貧窮了，也或許是太自卑了，他們的臉上都充滿了一股茫茫然的神情；其實，與其說是茫然，不如說是絕望來得恰當，小小年紀就有這樣不幸的際遇，看在從小養尊處優的這位同學眼中，也不禁酸從中來，眼眶閃爍著淚水。

這位同學說，看了這種情景，當時她就有一股衝動，一股想跑過去摸摸五個孩子的頭的衝動，以表示對他們的關懷。雖然最後她沒把衝動化爲行動，但至少在內心裡已開始反躬自省了，她驟然覺悟到，自己不僅擁有一個環境還算不錯的家庭，又擁有一對永遠關懷她、疼惜她的雙親。三餐有豐富的食物，出門有華麗的衣服，夏天臥房內有冷氣，又有父母爲她買的鋼琴，只要她想要的，父母幾乎

都有求必應，可以說要什麼有什麼；比起這些小孩子來，自己簡直是生活在天堂裡，簡直是太幸福了，還有什麼不滿與抱怨的呢？

想到這裡，再想想自己平時的刁蠻與任性，她開始覺得慚愧無比，也開始體認知福、惜福、知恩、感恩的道理了。好好珍惜現在所擁有的一切，就是知福、惜福；能夠好好感激親人的養育與照顧，就是知恩、感恩。

自此以後，每次回到家裡，她都會主動幫忙母親做家事，母親一有召喚，她也會一反過去愛理不理的習性，溫順的回應。對於女兒的這種行爲上的明顯改變，她的母親相當驚訝；當她母親知道，這都是懿德媽媽所交出來的漂亮成績單，她不但對懿德媽媽的教化功能刮目相看，也對慈濟所從事的四大志業刮目相看。所以，當慈濟主辦「預約人間淨土」系列活動時，她的母親特地抽空響應，義買了許多T恤衫和親友鄰居結緣，以表示她對慈濟的感激與謝意。

二悟「樂受」

接著，她們探訪的第二個個案是一位身染重疾，年老無依的老人家。這位老

人家下半身癱瘓，長年累月臥在床上，床是他整天生活與活動的僅有空間。儘管他的行動受到這樣大的局限，但是這位老人家還是一直保持著樂觀的心境。所以當他看到慈濟委員造訪時，就笑容可掬的招呼著，從老人家臉上的縐紋，似乎可以看到他飽受無情環境折磨的痕跡，可是他那種談笑風生，幾乎忘記自身苦痛的神采，不得不讓人佩服他的勇氣。

這位同學仔細環視了老人家的生活空間，再看看那半身不遂的身子，老人家猶能不怨天、不尤人、不哀聲、不歎氣，把生活周遭整理得整整齊齊，衣服也穿得乾乾淨淨，真可說逆來順受，忍人所不能忍。這與那些稍受挫折，就灰心喪志的健全人相比較，老人家無疑是位勇者。

從這裡，這位同學得到了很大的啓示，那就是貧病不可怕，可怕的是意志與精神上的消沈，只要樂天知命，再貧再病都不會是「世界末日」。

一個十五、六歲的小女孩，能夠觸境開悟，我們也不得不佩服這位同學的慧根了。

三悟「貧中富」

第三個個案是探訪一位聽覺有嚴重障礙的阿婆，這位阿婆也是孤苦無依的老人，長期接受慈濟的幫助。當懿德媽媽和同學訪視了阿婆，並幫阿婆把房間整理打掃乾淨之後準備告辭時，阿婆突然從床頭的隱密地方，掏呀掏的，掏出一些鈔票與零錢，數一數剛好一千塊。阿婆把一千塊錢小心翼翼的交到懿德媽媽的手上，並一再說明是要捐給師父蓋醫院。

對於這項突如其來的舉動，懿德媽媽表示不能接受，因爲阿婆每天的生活費用都是靠慈濟幫助，怎麼可以讓她把賴以生活的錢捐出來呢？於是懿德媽媽就拉著阿婆的手，靠近耳朵邊，大聲的說：「阿婆，妳把錢留下來吧，妳還要靠這些錢生活呢！」

但阿婆無論如何都非把這一千塊錢捐出來不可，因爲這是她省吃儉用，點點滴滴，日積月累的儲存，好不容易存下來的，爲的就是要給師父蓋醫院，這是她的心意，這個心意她非常誠懇，也非常堅決。

在場親眼目睹了這場感人畫面的每一個人，無不動容，尤其這位同學的感受更是深刻，對她來說，一千塊錢實在是個小數目，只要肯開口，要幾個一千塊錢，父母都會毫不猶疑的給予。但對貧窮的阿婆來說，一千塊錢是一筆不算太小的數目，她省吃儉用，不知經過多少時日，才好不容易籌足了這筆錢，而且還能斷然喜捨，誰說貧窮布施難呢？

賺錢要靠本事，用錢要靠智慧。錢可以載舟，也可以覆舟，用得恰當，可以救人無數；用得不當，可以喪身失命。阿婆靠慈濟長期幫助而過活，但也能省吃儉用而助人，比起那些揮金如土，逞口腹之欲，縱聲色之樂而又吝於助人的人來，她在心靈上要富有得多了，這就是「貧中之富的人生啊！」這位同學這樣想。於是，她更懂得錢的真正用途，也更懂得怎樣用錢了，同時瞭解到人與人之間應該有的相互關懷，相互幫助的道理了。這是這位同學人生旅程上的一個重要轉捩點，相信由於她的這項轉變，會使她的人生過得更扎實、更有意義、更快樂。

迷與悟都在一念之間

心是工畫師的故事

一個人的迷與悟，總是在一念之間。這一念就是心的作用，所以佛經說「萬法唯心造」，又說「心淨則國土淨」，只要調整好自己的心性，就能夠達到輕安自在的境界，提升精神生活的層次。心動是一切煩惱的根源。

在《六祖壇經》中記載了一則故事，六祖慧能禪師還在隱姓埋名的時候，他在所寄居的寺廟外面，看見兩個和尚互相爭執得很厲害，因爲掛在寺外的旗幡不斷的搖動，一個和尚說：「是旗幡在動！」但另外一個和尚不服氣的說：「是風在動，不是旗幡在動。」兩個人爭得面紅耳赤，慧能禪師看了後就說：「不是幡動，不是風動，是你們的心在動。」心一動，念就起，念一起，各種當與不當的行爲就會出現。是天堂或是地獄，念頭相當重要。

在日本的佛教界裡，也流傳著一個很有名的故事：白隱禪師是日本古代很有名的一位禪學大師，備受當時朝野的敬重。

一天，有一位番王前來參禮白隱禪師，並請教白隱禪師什麼是天堂？什麼是地獄？

白隱禪師聽了後，就對這位番王破口大罵，並指著番王的鼻子說：「你這大笨蛋，這個都不懂，還當什麼番王！」愈罵愈大聲，愈罵愈難聽。這位番王修養再好，也嚥不下這口無緣無故被屈辱的悶氣，於是勃然大怒，拔起配刀，追殺白隱禪師。白隱禪師在前面拚命逃命，而番王暴跳如雷，在後面緊追不捨。這個時候，白隱禪師就一邊跑一邊說：「這就是地獄。」

番王聽了這句話，頓然有所悟，知道這是白隱禪師，以境示教，立刻停下來，跪在白隱禪師的面前誠心懺悔，一片祥和景象。這個時候白隱禪師又應機施教說：「這就是天堂。」可見祥和安樂，無瞋無癡，就是天堂；五陰熾盛，心無厭足，惱苦煎熬，就是地獄。天堂與地獄完全在於一念之間。

購買智慧的故事

至於這一念是否正確，那就要靠智慧與修養了。說到智慧，在佛經上記載了這麼一個故事，從前有一個國家，非常有錢，在這個國家裡因爲太有錢了，幾乎什麼東西都有，這個國家的國王就在想，如果世界上還有什麼東西是他的國家沒有的，他不論花多大的代價，都要設法把它買回來。

於是國王就派了一個大臣到世界各國，去尋找他們國家所沒有的東西，並把它買回來。

大臣接到國王的命令後，就即刻出發，但是他所到過的國家，凡是有的東西，他們的國家都有了，就這樣一國又一國，一城又一城，一鄉又一鄉的尋尋覓覓著，經過很久的一段時間，他到了一個小國的市集，市集上的東西都是他們國

內已經有的，走著走著，他忽然看到一個攤位上，沒有擺任何東西，卻有一個人在那裡坐著。於是這位大臣就向前詢問：「你的攤位上空無一物，你究竟在賣什麼東西呢？」

對方回答說：「我是在賣智慧。」

大臣一聽他在賣智慧，心想：「我的國家什麼東西都有，但好像就是欠缺智慧。」

於是就問：「智慧怎麼賣？」

老闆說：「你出得起五百兩黃金，我就把智慧賣給你。」

大臣想一想，反正我們的國家有的是錢，五百兩黃金雖然多，還是買得起，因此立刻付了五百兩黃金。

凡事多思惟

老闆拿了黃金後，就告訴大臣說：「我的智慧只有二十個字，你要好好記住：『凡事多思惟，切莫猝瞋怒，今日用不上，必定有用時。』」

大臣聽了這二十個字的智慧，總覺得太貴，但買賣已經成交，不能反悔了，買了二十個字的智慧後，大臣連夜趕回他的國家，準備向國王報告。當他回到京城時，已是三更半夜了，只好先行回家休息，等待翌晨再上朝面聖。

不想一進家門，走進臥房一看，頓時勃然大怒，因爲他看見臥床底下放著兩雙鞋。他心想，這個家只有他與他的太太兩個人，他出門遠行，床底下應該只有一雙鞋才對，如今卻擺了兩雙鞋，一定是太太有越軌的行爲。於是他怒從心中來，惡向膽旁生，拿起一把利刃，打算把床上的兩個人一起殺掉。

就在利刃要往下砍的此時，他忽然想起用五百兩黃金買回來的智慧。他不斷的一邊走，一邊念誦著：「凡事多思惟，切莫猝瞋怒，今日用不上，必定有用時。」一趟又一趟來回走著，一遍又一遍重覆念著，結果把床帳內的人吵醒了，帳帷一撥開，只聽到一位老婦人高興的叫道：「兒子呀，你怎麼這麼晚回來，你媳婦這幾天生了一場大病，我特地老遠趕來照顧她。」

大臣一看床上與他太太同寢的人是他的媽媽，一時間愣住了，他冷汗直冒的說：「太便宜了！太便宜了！」

他的母親聽兒子不斷自言自語：「太便宜了，太便宜了。」感到非常奇怪，就問到底是怎麼回事。這位大臣才把買智慧的事說了一遍，並且說：「一個太太加上一個母親，就是一萬兩黃金都不賣，現在花了五百兩黃金，就保住了太太和母親的生命，又替我化除了一場弒母殺妻，大逆不道的殺頭災難，這不是太便宜了嗎？」

可見，所謂智慧，不在於玄妙深奧的理論，而是在於能知能行的日常修養。

在中國也有類似的一則故事：

道是要力行實踐的

知與行的故事

白居易是唐朝的大詩人，他也是虔誠的佛教徒，所以外號「香山居士」。白居易有一次去求見鳥窠禪師請教「道」。鳥窠禪師是唐朝一位頗受民眾敬重的禪

師，因爲他在樹上搭了一間僅能遮風避雨的容身之處，終年住在裡面，所以當時的人稱他爲鳥窠禪師。

白居易問鳥窠禪師：「什麼是道？」

鳥窠禪師回答說：「諸惡莫作，諸善奉行。」

白居易聽了之後，很失望的告訴鳥窠禪師說：「禪師啊！這八個字，三歲小孩子都知道呀！」

鳥窠禪師微笑的說：「三歲小孩子知道，但活到八十歲的老翁卻還沒有辦法做到！」

這個故事也在告訴我們，「道」不在口談，也不在了知，道是要力行實踐的，不行豈可謂道？

「看病人」的醫生

同樣的，許多人總喜歡把慈悲與愛心掛在嘴上，但始終僅止於說說而已，從來沒有付諸行動。慈濟就不尚空談，而最重視實踐，因此發生在慈濟的感人故事也就特別多。例如：慈濟醫院是慈濟四大志業中的醫療志業，慈濟醫院醫護人士的座右銘是：「做一個『看病人的醫護人員』，而不是做一個『看病的醫護人員』。」看病的醫生與看病人的醫生，究竟有什麼不同呢？

基本上，看病的醫師，看的只是病，從未把生病的人當作人，所以臉上總是冷若冰霜，毫無表情，他們不願意，也不會以悲憫之心去感受病人的痛苦，更不會以慈愛之心去關懷病人的感受，因此，他們看病的習慣是頭痛看頭，腳痛看腳，肚子痛看肚子，動作粗魯輕率，沒有把人性的尊嚴放在心上。

而看病人的醫師就不同了，他們「以人爲本」，重視生命的權利與人性的尊嚴，所以他們所看的不僅僅是病，而且是人，一個從生理到心理，從身體到情緒的完完整整的人。人都需要關懷，尤其是病人更需要關懷與慰藉，看病人的醫師

能夠有「換你心爲我心」的同情心，才會有「始知病人痛苦深」的關懷。這種看病人的醫師才是懸壺濟世的良醫，而看病的醫師因爲忽略了對人性的尊重，所以醫術再好，充其量只是個名醫，絕對稱不上是一個良醫。

在我們的社會裡名醫易得，良醫難求，可是在慈濟醫院，幾乎每位醫師都是良醫，因爲他們都是看病人的醫師。良醫和病人之間關係必然相當親切，病人對醫師的細心照顧與關懷，常懷感恩之心，醫師對病人因其苦痛而能成就自己的醫術與醫德，也心存感激。這種相互關懷感恩的畫面，在慈濟醫院屢見不鮮，而感人的故事也俯拾可得。

菩薩在人間的故事

用心感受病人苦痛的醫師及護士

慈濟醫院有一位骨科醫師，他不僅醫術好、醫德好，那種關懷病人的心更

好。他會用自己的心去感受別人的病痛，所以他不論門診或手術，都是用一種醫治自己親人的心情從事醫療工作，因此他一方面贏得病人的尊敬，一方面也重新拾回了醫師的尊嚴。

讓人印象最深刻的一則有關他的故事是：有一位腿部已經嚴重潰爛的病人，在其他醫院醫治時，醫生都說必須把腿鋸掉，才能保住生命，但病人與病人家屬都不願放棄任何能保住這條腿的希望，於是他轉診到慈濟醫院來，由慈濟醫院的這位骨科醫師負責主治。這位醫師診斷之後，告訴病人，腿部的病情確實相當嚴重，不過他會盡力而爲，盡心盡力保住他的這條腿。

這位醫師每天盡心照顧這位病患，替他動了一些手術。爲了更能正確的診斷出病人的腿是否有再度發炎，不僅用手去摸，用眼睛去看，還用鼻子去聞。

大家都知道，腿部嚴重潰爛發炎的地方是惡臭難聞的，那種味道非尋常人所能忍受，而且潰爛的傷口血肉模糊，看了已夠令人作嘔了，更何況把鼻子靠近去聞？但這位醫師爲了能夠正確診斷病情，爲了幫助病人早日脫離病痛，他不惜忍受惡臭，用自己的鼻子去聞病人潰爛的腿，大家想想，如果這位醫師沒有視病如

親的愛心，怎能做到？

這種情景，看在病人家屬的眼中，都深受感動。後來這位病患在醫師的細心照顧與醫治下，原本必須鋸掉的腿，不僅保住了，而且還能正常的走路。病人爲了報答醫師的「救腿」之恩，特地訂做了一塊匾額，在樂隊敲敲打打的護送下，送到慈濟醫院，表示對這位醫師的感謝之意。醫師的關懷，病人的感恩，交織成一幅人性光輝的畫面。在病人的心目中，這位醫師簡直就是現代的活佛了。

現代活菩薩

慈濟醫院大廳有一幅「佛陀問病圖」，是由臺灣著名的老畫家顏水龍教授率領他的學生，用馬賽克貼成的，在佛教徒的眼中，佛陀是大醫王，他能醫治眾生心理的疾病。所以在慈濟醫院，我們把醫師稱爲活佛，把護理人員稱爲活菩薩。剛才我講的是一個活佛的故事，現在我再講一個活菩薩的故事。

慈濟醫院的護士每一個人都能以白衣大士自勉，白衣大士就是觀世音菩薩，能聞聲救苦，即時解難，在醫院裡，醫師就是活佛，護士就是白衣大士。

有一位慈濟醫院的護士，她是位虔誠的佛教徒，也是位富有愛心的護理人員。她不只在醫院裡關懷病人、照顧病人，即使病人出院了，她還會主動去追蹤、去關懷病人的康復情形。

不久前，我聽到有關這位護士的一些故事，相當感動。故事是這樣的：一位七十多歲孤苦無依的老阿婆身染疾病，被送到慈濟醫院來了，由於病情嚴重，醫師診斷後立刻指示辦理住院。在住院期間，這位護士每天噓寒問暖，一方面照顧阿婆的病情，一方面關懷阿婆的生活，讓阿婆精神上獲得了慰藉，病情上獲得了調養。

由於身心獲得醫護人員的悉心照顧，阿婆的病很快好起來了，也很快的出院了。因爲阿婆已七十多歲，獨自一個人，生活相當貧困，也相當孤獨，這位護士總會利用她自己休假的日子，到菜市場買些東西，帶到阿婆住的地方，自己下廚煮些阿婆喜歡吃的菜，和阿婆一起進餐，讓阿婆享受一頓豐盛的午餐，並重溫一次難得的家居之樂，解除她的落寞與孤獨。這樣的護理人員，不就是一位現代的觀世音菩薩嗎？

尊重別人，就是莊嚴自己

蘇東坡與佛印禪師

「一切唯心造」，善與惡、愛與恨，都是一念之間，都是心的作用。人與人之間就是要有那分相互體諒，相互關懷的心。自己的心善，所看的每一個人都是善；自己的心惡，所看的每一個人都是惡。

證嚴上人說：「尊重別人，就是莊嚴自己。」蘇東坡與佛印禪師的一段軼事，就是最好的印證：

蘇東坡和佛印是相當要好的朋友，他們兩人常常互談禪機，針鋒相對。有一次，蘇東坡與佛印兩人騎馬出遊，在半路上，蘇東坡一時興起，就問佛印說：「你看我坐在馬上的英姿，那種莊嚴相，看起來是不是很像佛？」

佛印看看蘇東坡的樣子，微笑的說：「嗯，是很莊嚴，看起來是很像佛。」

之後，佛印反過來問蘇東坡說：「那依你看，我看起來像什麼呢？」

蘇東坡不客氣的說：「你的樣子，看起來像一堆牛糞。」

佛印聽了也微笑點點頭，沒有說一句話。

蘇東坡這一天心情相當好，他認爲今天和佛印鬥智，顯然占了上風，所以回到家裡笑逐顏開，相當高興。他的妹妹，也就是民間傳說中多才多藝機智過人的蘇小妹，看到他的哥哥這樣高興，就問蘇東坡說：「哥哥啊，你今天的心情怎麼這樣高興呢？」

蘇東坡得意洋洋的回答說：「我今天和佛印鬥智，打了一次勝仗。」於是把他和佛印談話的經過說一次。

蘇小妹聽了整個故事的經過後，就對蘇東坡說：「哥哥，你不僅沒有打勝仗，相反的，你是打了一次大敗仗。」

蘇東坡莫名其妙的說：「此話怎麼講？」

蘇小妹很嚴肅的說：「因爲佛印禪師心裡充滿了善良，滿心都是佛心，所以看所有的人都是佛。而你，心裡充滿了貢高我慢的傲慢之心，滿肚子像充滿了牛糞一樣，看別人也是牛糞。所以，當你說佛印像一塊牛糞時，他微笑點頭。這樣

說來，你不是打了一次大敗仗嗎？」

慈悲的心，智慧的愛

只要有心就能創造更多動人故事

佛教的精神是「無緣大慈、同體大悲」，用現代人的話來說就是「尊重生命、莊嚴人性」。目前慈濟所從事的工作，不論「濟貧教富」或「慈善、醫療、教育、文化」，精神點就是在這裡。又如骨髓捐贈活動的推廣、國內外賑災的推動，出發點也在這裡。

有愛心的人，永遠像是旭日初升，具朝氣、有熱忱，希望不僅是慈濟人，而且是廣大的社會大眾，能用慈悲的心，朗照蒼生；用智慧的愛，擁抱生命。只要有心就可以創造更多、更動人的真實故事。慈濟故事多，就讓慈濟的故事口口相傳，代代相續吧！

一九九一年六月於國際扶輪社

佛性、禪心與師志

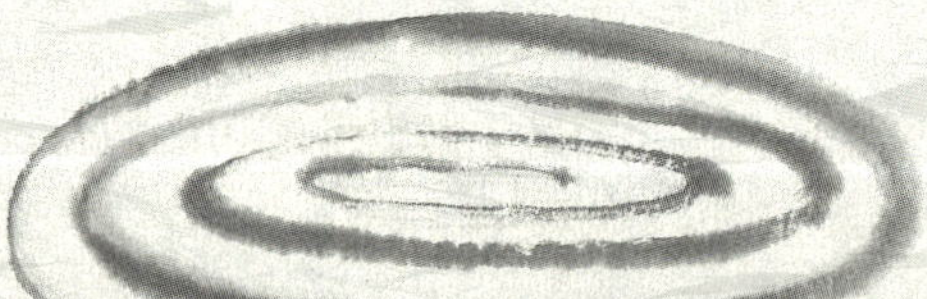

很榮幸能有這個機會和大家共聚一堂，實在是一項難得的機緣。佛教講究因緣時節，種了因，等到機緣成熟了，盛會也就成就了。

在盛會中要我做專題演講，實在不敢當，因為佛學浩瀚如海，佛理深不可測。而我個人對佛學及佛理涉獵不廣，研究也不深，豈敢班門弄斧？但師命難違，故不揣淺陋，就接觸佛法的一己之見與聆聽上人教誨的一己之得，和大家相互切磋，共同結緣。

記得小學的課本裡，曾經有一課〈瞎子摸象〉的故事，大意是說：有幾位瞎子，因為他們的視覺有障礙，沒有機會看見大象長得像什麼樣子，他們實在很想知道。有一天，他們到了大象的面前，於是用手去觸摸大象，想用手去感覺大象長得像什麼樣子。

第一個瞎子摸到大象的鼻子，於是很高興的說：「我知道了，大象長得像一條大水管。」

第二個瞎子摸到大象的耳朵，大聲說：「不對，大象長得像面大扇子。」

第三個瞎子摸到大象的肚子，於是就說：「你們兩個都不對，大象長得像一

面牆。」

第四個瞎子摸到大象的腿，他說：「不對，不對，大象長得像根大柱子。」他們四個人吵成一團，都說自己所感覺到的才是正確的，互不相讓。其實，看在明眼人的眼裡，都會覺得好笑，因爲他們都錯了，不僅錯了，而且錯得離譜。他們錯把局部當全部，把片面當整體，而且各執己「摸」，以偏概全，難免就掛一漏萬，這就是「瞎子摸象」的故事。

佛學浩如煙海，佛理高深莫測，今天要講佛性與禪心，就好像瞎子摸象一樣，不對的地方，還請大家海涵。

佛教是什麼？

佛教是智性的、入世的宗教

很多人常常會問：佛教到底是怎樣的一種宗教？佛教能解決我們哪些問題？

以及佛教的殊勝之處在哪裡？這些問題都是很難解答，但也必須解答的。唯有解答這些問題，我們才會對佛教產生堅定的信仰，發揮無比巨大的力量。

事實上，凡是對佛教有深刻認識，對佛理有深入研究的人都知道，佛教是一種智信的宗教，絕對不是迷信的宗教；佛教是一種入世的宗教，絕對不是出世的宗教；佛教是一種自我肯定的宗教，絕對不是自我否定的宗教。

有智慧的信仰

智信是清醒、明白的信仰，是有智慧的信仰，而迷信是糊裡糊塗的信仰、是愚夫愚婦愚昧的信仰。智信是「知其然」，而且也要「知其所以然」；迷信是不僅不知其然，而且「不知其所以然」。「知其然」就是知道這樣做，「知其所以然」就是知道爲什麼要這樣做。以禮佛爲例，很多人看到別人在禮佛拜佛，他也跟著禮佛拜佛，看見別人虔敬的頂禮師父，他也跟著頂禮師父。

如果我們問：「你爲什麼要禮佛、要頂禮師父？」他可能會說：「人家禮佛，我也跟著禮佛啊！人家頂禮師父，我就跟著頂禮師父啊！這是應該的嘛！」

他也可能說：「禮佛，可以獲得佛的保佑；頂禮師父，可以獲得師父福德加持。」

其實，禮佛是因爲佛陀一生的偉大教化，指出我們人生應該走的正確道路，祂的智慧值得我們學習，祂的願行值得我們尊敬，我們禮佛拜佛，是要學習佛的智慧，要禮敬祂的願行，並發願要遵照佛陀指引的道路前進，這才是禮佛的正確用意，頂禮師父的真正目的。知其然，而且知其所以然的信仰才是智慧的信仰。

佛教是入世的宗教，而不是出世的宗教，如果我們能夠靜下心來，好好的研讀一部佛經，就不難發現，佛陀所說的一切道理，都涉及哲學、心理學、倫理學與行爲科學等能夠放諸四海而皆準的學問。正信、正念、正知、正見的佛教徒，如果能體悟佛陀悲天憫人的情懷，瞭解佛陀濟世救人的願行，才能夠善用佛陀的教化，走入人羣，自度而度人，所以佛教不僅要人「獨善其身」，而且要人「兼善天下」。

佛教的精神是慈、悲、喜、捨，其目的是利濟眾生。

佛教的修持是理入與行入。理入就是要瞭解佛陀所說的一些道理，要了悟人

生的真諦；行入就是要把所瞭解的道理實行出來，要把所瞭解的人生真諦落實在世間。造如是因，得如是果，一切因緣果報，都要自己承受，這是一種非常智慧的信仰，不同於一般民間信仰。

佛教能爲我們解決哪些問題呢？這是非常重要的問題，也是非常現實的問題，每一位佛教徒都想知道，也都應該知道。

生死輪迴

我們常常會想：人從何處來？要往何處去？即使科學昌明的今天，科學家對生命的起源都還一知半解。對於有關人從何處來的問題，科學家最普通的說法是男女因結合而有生命。但我們不禁要問：「父母未生時，什麼是本來面目？」科學家的解釋，不能讓我們滿意，也解決不了諸多疑題。

我國古代的聖人孔子，他對人的生死大事也感到相當的疑惑，他研究了大半生，還是百思不得其解，於是他只好避重就輕的說：「不知生，焉知死。」也因此，孔子就不言怪力亂神了。

而佛教能爲我們解答這些問題，古德說：「萬般帶不去，唯有業隨身。」從這句話，就可以知道生死輪迴的道理，才能解決「父母未生時，什麼是本來面目？」的禪宗公案。

記得民國五十三年，我在讀大學的時候，有一天，家父託人寫了一封信給我，信中說：「姊姊出家了，她落腳在花蓮。」我看到信後非常生氣，因爲那時候，身爲知識分子，只信科學，不信宗教，所以我不能接受這個事實。一個好好的女孩子，生活環境也不壞，爲什麼要出家呢？接到信後的那天晚上，我徹夜不能眠，迫不及待的寫了一封很長的信給出家之後的姊姊，我引用了中國的一句成語：「油盡燈滅。」我說，油沒有了，燈自然就熄滅了，人也是一樣，人的身體器官老化了，細胞壞死了，人就自然死亡了，哪有什麼來生或過去生呢？

不久之後，我接到從花蓮寄來的一封信，信中語氣很平和，講了很多的道理。那時我對佛學沒有認識、也沒有興趣，看了信後仍然一知半解，之後我又接到她寄來的一些佛學的書籍。翻翻書，只覺得其中的道理很深奧、很枯燥，很多令人百思不得其解的名詞，所以不能領會其中的真諦，那時才知道爲什麼中國近

代最偉大的哲學家之一的胡適之博士，撰寫中國哲學史，只寫了上古哲學史的原因，因爲佛學哲理很深，他沒有辦法徹底了悟，所以中古哲學史就寫不下去了。

後來，慢慢的，從物理學上的「物質不滅律」上，我忽然又想到，「人從哪裡來？又往哪裡去呢？」這個問題。依「物質不滅律」，物質的燃燒只是一種轉化的過程，物質燃燒了，轉化爲能源，能源的利用，又轉化爲一種動能，動能又轉化爲各種力量生產出很多的物品。而人死了之後，身體是腐爛了，但依賴呼吸辨識的那股靈氣到哪裡去呢？依「不滅律」，這股靈氣也應當不滅的。

不可思議的謎

人常常有很多不可思議的現象，例如，過去我從事新聞工作的時候，就時常遇到一些不可思議的事情。民國六十七年，有一天，一位中年人帶了一位三、四歲的小孩到報社來，他說要找記者。我當時擔任採訪主任，就問他有什麼事嗎？他說：「我這個孩子很奇怪！」我說：「有什麼奇怪呢？」他說：「我這個孩子只有三歲多，還不到四歲，但他能夠閱讀報紙，報紙的每個字他都認識。」

我問他：「你孩子有沒有上幼稚園？」他說：「沒有。」我又問：「你有沒有教他念書寫字？」他說：「我只有小學畢業，每天又得出外做工，沒有能力教他，也沒有時間教他。」

我再問：「這小孩有沒有哥哥或姊姊？」他說：「沒有哥哥，有一位姊姊。」我說：「會不會是他姊姊教他的？」他說：「他姊姊念國小二年級，許多字還要請教他弟弟，哪裡可能教他？」

我更好奇的問：「你什麼時候發現你的孩子有這天分的？」他說：「我也不知道，只是有一次帶他坐公車上街，公車每停一個站，他就唸出一個名字，我當時沒注意，過了幾個站之後，我才問他：『你在唸什麼？』他說：『你看那站牌不是這樣寫嗎？』那時我才知道他在唸站牌的名字，就這樣我才發現的。」

請大家想想看，沒有人教，天生就有這分能力，這分能力又從哪裡來的呢？這不是很不可思議的嗎？是不是前生帶來的呢？雖沒有科學證據，但也不免讓人懷疑。

這是題外話，我們現在再來比較佛教與其他宗教的異同，比較一下佛教到底

有什麼殊勝的地方？其實，佛教殊勝的地方很多，我們在這裡，只舉出一個例子，就足以說明全部了。

我們把佛教與儒家作一比較：

儒家談性理，不談因果；佛教既談性理，又談因果。

儒家論是非，不論報應；佛教既論是非，又論報應。

信因果的人，其心常畏；畏則不敢作惡。不信因果的人，其心常蕩；蕩則無所忌憚。

信報應的人，其心常戒；戒則心能為善。不信報應的人，其心常慢；慢則無惡不作。

今生做，未來受

可見，儒家只談現在生，而佛教談過去生、現在生，也談未來生，這樣可以把人的生死大事問題一併解決，所以佛教的殊勝，在於它最為究竟，最為徹底了悟。

「欲知前世因，今生受者是；欲知來世果，今生做者是。」佛教雖然要了知三世，甚至是無量劫以來的事，但最重要的是要把握現在，今生所做的，就是未來所受的，現在種下善因，未來才能獲得善果，這是佛教的因緣果報觀。從因果觀出發，我們才能深切體悟「天下沒有白吃的午餐」與「天下沒有不勞而獲的事情」的道理。瞭解了這個道理，才會相信佛教絕對不是消極避世的宗教，而是積極入世的宗教，不僅是「獨善其身」的宗教，而且還是兼善天下的宗教。

佛與佛性

人人本具佛性，了悟本性就是佛

接著我們要討論的是什麼是佛？什麼是佛性？佛性又在哪裡？

佛，就是「覺」的意思。「覺」就必須有所悟才能覺，不能悟就無法覺。「悟」是相對於「迷」而言，「迷」了就不能悟，我們常說「執迷不悟」，

太執著就會迷，執迷當然就悟不了，就像我們睡著了，就非醒，一旦不睡了，就醒了。

所以佛陀就是覺者，也就是覺悟的人，他覺悟到能了脫生死，不受輪迴果報的程度。我們凡夫受六塵所染，一直執迷不悟，所以沒有辦法成佛。

凡夫未能成佛，並不是不能成佛。未能成佛是能夠成佛，而還沒有成佛。凡夫爲什麼也能夠成佛呢？因爲人人具有佛性，這個佛性是人人本具的，不是只有佛陀獨有的，人人都有佛性而不能成佛，就是在於不能覺悟，所以不能覺悟，就是因爲被六塵所迷，受外境所牽。

佛性就是「覺性」，「覺性」就是能夠覺悟的本性。

我們中國的文字很有意思，這個「性」字，是由心和生，兩個字組合而成的。換句話說，「性」就是與生具來的心，這個與生具來的心，不同於受到六塵污染之後的眾生心。因此，我們把還沒有受污染的心，稱爲「性」；已經受到污染的「性」，稱爲心，這是心與性不同的地方。

而「悟」字，是由「心」和「吾」兩個字組合而成。「吾」就是我，徹底瞭

解到我自己未來具有的那顆心，就叫「悟」，能把受污染的心，不斷的清除，層層的擦拭，到最後顯現與生具來的那個性，就是了悟了。了悟了與生具來的本性，就是覺者，就是佛。

所以說「心、佛、眾生，三無差別」，佛與眾生，都同樣具有佛性，這個佛性是不假外求的，只要從內覓。

佛性是清淨無染的，所以它才能「照見五蘊皆空」，因爲它能「照見五蘊皆空」，所以才能充塞於天地之間，它至大無外，至小無內，超越了空間。佛性也超越了時間，佛性不僅存於現在，也存於過去，更存於未來，只要能體悟佛性，就能夠做到「一念萬年，萬年一念」。

萬法唯心造

佛性與凡心，總在一線之隔，凡夫的心只要破迷了悟，就是佛性；而佛性只要一著迷，就會轉佛性爲凡心。是佛性，還是凡心，總在一念之間，這正是「萬法唯心造」啊！「佛性」與「凡心」之間的差別，真是「差之毫釐，謬以千

里」，豈可不慎哉！

凡夫的心，充滿了「貪、瞋、癡」，而佛性的內涵又充滿什麼呢？

有人問法眼禪師：「什麼是古佛心？」

法眼禪師回答說：「是會流出慈悲喜捨的。」

又問：「什麼是真正之道？」

他回答說：「第一希望教你去行，第二也希望教你去行。」

古佛心，就是佛性，佛性是會「流出慈悲喜捨的」。《維摩詰所說經》說：「以菩提起於慈心，以救眾生起大悲心，以持正法起於喜心，以攝智慧行於捨心。」

行四無量心

菩提心就是自度度他的心，有自度度他的心，才能對眾生起慈悲之心。

持正法，才能度眾生，見眾生行於正法則起歡喜心。

有智慧的人，才能知道「緣生無性」，「無性緣成」，能夠度盡一切眾生，而不取眾生相，這就是《金剛經》中所說的「菩薩應無所住而行於布施」的道理，也是孔子所說的「施人慎勿念」，能這樣，才是大乘捨心。

「慈、悲、喜、捨」是佛性的內涵，光有內涵還不行，還要把它實踐出來，所以法眼禪師才說：「是會流出慈悲喜捨的。」這裡特別要提醒各位的是「流出」兩個字。「流出」就是要把它表現出來，要把慈悲喜捨四無量心，用具體的行動實踐出來。

問的人還不能體會法眼禪師的用意，所以才會繼續問：「什麼是真正之道？」於是法眼禪師不得不直截了當的告訴他：「第一希望教你去行；第二也希望教你去行。」行什麼呢？就是行慈悲喜捨四無量心。

瞭解了這段唐代禪師的對話，應該對什麼是佛性有概略的認識了。

禪心

定慧圓明就是修禪的目的

說完了佛性，我們再來談談禪心。

禪是什麼呢?禪是梵語「禪那」的簡稱，意思是「思惟修」，又有人把它翻譯爲「靜慮」，都是定慧的通稱。

永嘉大師《證道歌》說：「宗亦通，說亦通，定慧圓明不滯空。」這個「定慧圓明」，就是修禪的目的。

禪的種類詳分有多種，略分有兩類：一爲頓、一爲漸。

頓是頓悟；漸是漸修。漸修是對於調身、調息、調心，都有一套詳盡的方法，而且必須循序漸進，不能躐等。

頓悟是「宗門禪」，是宗祖達摩禪師所說的：「不立文字，教外別傳，直指

人心，見性成佛。」

不論是漸修或頓悟，都是以「心」爲主體的宗教觀。中峯禪師說：「禪者何物？即吾心之名也；心者何物？即禪之體也。」

所不同的是，漸修的注意力著重在調心，而頓悟的重點著重在直指人心。調心是注重繫緣止心，把心放在一件事物上，以排除其他的雜念，是屬於治心法門。

直指人心，是放下一切外緣，直透本心，這是一種觀心法門。

雖然禪門有多種，但禪理則無兩樣，都在於「明心見性」。「明心」就是要把受汚染的凡夫心，一一加以清除乾淨，就可以認識本來面目，佛性自然就會顯現。這就是禪心。

學佛三階段

剛剛提過，「禪」的意思就是「思惟修」，「思惟」是「內思」的過程，「修」是「外顯」的行爲。「內思」是一種意識體悟的心智活動，而「外顯」是力

行在外的行爲表現，「內思外顯」才是禪的全部。

一般來說，學佛有三個階段：

第一階段是「聞」：「聞」就是聽的意思，聽是學習的開始，所謂「耳濡目染」，就是用我們的聽覺與視覺去感觸、去學習。

要學佛，第一步就是要聽佛法，聽法師們講經。從聞法聽經，瞭解佛教哲理，瞭解了道理，才會產生信仰；有了堅定的信仰，才會身體力行，發揮力量。這是「聞法聽經」的功德。孔子說：「朝聞道，夕死可矣。」可見「聞道」是多麼神聖，多麼重要的「開智慧」階段。

第二階段是「思」：聽了佛法與佛經之後，還要進一步去「思」。「思」就是想，就是思考，想其中的道理，思考道理的對錯，合乎道理，還是不合乎道理。

這是相當重要的學佛階段，我們一再強調，正知正見的佛教徒，對佛教的信仰是智信，而不是迷信。迷信就是好壞不分，是非不明，甚至執非以爲是，錯亂價值，顛倒因果，產生了諸多的無明。智信的人就有正知正見的宗教觀，他們聽

經說法之後，還會去想其中的道理，嚴別是非善惡，有了正知正見，才能走正道；走正道，才能通往菩薩善道，才是成佛之道。孔子說：「學而不思則罔，思而不學則殆。」學了道理或聽了道理之後，必須要去思考，徹底瞭解，學才不會白學，聽才不會白聽。

第三階段是「修」：「修」就是行的意思，「行」就是做的意思，所以我們把「修行」兩字並稱。修行就是要用具體的行動去走出來，去做出來。把聽到並經過思考之後，認爲是正知正見的真理，用具體行動去做出來，就是修行的真正涵義。

我們聽了佛法，經過思考後也覺得佛法很有道理，是人生應該努力的方向，接著就是修行的階段了。俗語說：「道不行不至。」「經」就是道，「道」就是路，佛經就是佛道，佛道就是通往成佛的道路。聽了佛經之後，知道了通往成佛的道路，如果不去行，不朝成佛之道的方向去走、去做，則眾生還是眾生、凡夫還是凡夫，絕對無法「轉凡爲聖」，「化聖成佛」。

說十尺，不如行一寸。學佛參禪的聞、思、修三階段，每個階段都相當重

要。「知而不行」是無知，跟不知道沒有什麼兩樣；「行而不知」是莽行，就是盲目的行爲，不知正確方向，認識不清應走的道路，而一味莽撞盲行，其結果可能會喪身失命，相當危險。所以，學佛必須能知、能思、能行，「聞、思、修」三體合一，行才是智行，思才是慧思，聞才是正聞，這樣才算是最究竟、最具智慧、最爲正確的學佛之道。

孔子說：「學而不思則罔，思而不學則殆。」如果我們改爲：「學而不思則罔，思而不行則殆。」才更爲徹底。

參禪三境界

學佛有上述三階段，參禪修道依修爲的深淺，也有三境界。

第一層境界是：「見山是山，見水是水」。這是學佛參禪的起步，也是未修道之前的境界。這個時候，因爲修學的人仍然凡夫心重，被境所轉，所以見山是山，見水是水，執空爲有，認虛爲實，以幻爲真。

佛經上說：「一切有爲法，如夢幻泡影。」但學佛之前，總不能體會這個道

理，所以執空以爲有，認虛以爲實，心常常被境所轉，於是貪著「名利」的人，常被「蝸角虛名」所轉，故千方百計爭了不可得的名利；貪著「權勢」的人，常被「權勢」所轉，因此百般計較於如泡似影的權勢，其實，「船過水無痕」，最後又得到什麼呢？可惜，人在未徹底覺悟前，總是被名相所顛倒迷離，被情境所轉動迷惑。老子說：「五色令人目盲，五音令人耳聾。」也在說明被境所轉之害，但眾生凡夫未察，竟然自甘被情所牽，被境所轉，這就是凡夫之所以爲凡夫的原因，這也是未修佛道之前的境界，是「見山是山，見水是水」的境界。

第二層境界是：「見山不是山，見水不是水」。這是由凡入聖的境界。

修習了佛學禪法後，體悟到「一切有爲法，如夢幻泡影」後，能夠深刻瞭解佛陀在《金剛經》中告訴須菩提的：「凡所有相，皆是虛妄；若見諸相非相，即見如來」的道理，而山與水皆是自然界的一種現象，滄海桑田，生滅無常，哪裡會有永遠的相？

《金剛經》也說：「是諸眾生若心取相，即爲著我相、人相、眾生相、壽者相。」由凡入聖的人已知道心不應著相。就像《般若波羅蜜多心經》所說的：「照

見五蘊皆空」，所謂五蘊皆空就是「色不異空，空不異色，色即是空，空即是色，受想行識亦復如是」，也就是「諸法空相」，知道一切有爲法，了不可得。

瞭解了「諸法空相」後，就不會被境所轉，於是見山不是山，見水不是水，進入了修道的第二層境界。

第三層境界是：「見山又是山，見水又是水」的最究竟圓滿的境界，也是大乘佛教的境界。

在由凡入聖的第二層境界中，修道者雖然體悟「諸法空相」，能夠做到「見山不是山，見水不是水」的境界，如果不繼續往上提升，就會停留在小乘佛教境界中。小乘佛教只知自度，不願度人；只能獨善其身，不能兼善天下，這與「不爲自己求安樂，但願眾生得離苦」的佛陀慈悲本懷相背離，所以說第二層境界還不是學佛的最殊勝。

由聖轉凡

學佛的最殊勝境界應是「由聖轉凡」，要像觀世音菩薩一樣，能夠「倒駕慈

航」；也應像地藏王菩薩一樣，要有「地獄不空，誓不成佛；眾生度盡，方證菩提」的弘願。

要「倒駕慈航」，要實踐「拔苦與樂」的弘願，就必須有勇氣與智慧，毅然「由聖轉凡」，再度走入人羣，以大慈、大悲、大喜、大捨之願行，用出世的修爲，從事入世的工作，這才是學佛修道的最高境界，才是自度度人，獨善其身還兼善天下的大乘修道者。

說到這裡，要特別舉禪宗的一則公案，說明學佛參禪，不應僅以「自了漢」爲已足。這則公案是這樣的：

黃檗希運禪師遊天臺山時，遇到一位同道僧人，兩人一見如故，相談甚歡，於是相偕而行。他們走到一條河，剛好水暴漲，兩人就在岸邊停下來了，這時與他同行的僧人就要希運禪師一起渡河。禪師就跟他說：「您要渡自己渡。」這位僧人就撩起衣服踏著水波而過，如履平地。過了河之後，這位僧人回過頭來向希運禪師說：「渡過來啊！渡過來啊！」希運禪師回答說：「唉！你這自了漢，我早知道的話，就應該打斷你的腿。」這位僧人聽了之後讚歎的說：「真是大乘法

器，我所不及。」說完就不見了。

這則公案的意思是教我們不要只顧自度，只顧自度的人，充其量只是個自了漢，不是真正的大乘法器。

禪宗六祖惠能禪師，就是聽有人念誦金剛經「應無所住而生其心」時，有所悟而發願出家學佛。學佛最怕的是「執空」，一旦執空，就難以轉聖入凡，就只能停留在學佛修道的第二層境界，只能成爲一個「自了漢」，無法利濟眾生；無法造善因，當然也就無法得善果。禪心就是慧心，有慧心的人自然不會只是個自了漢。

師志

慈濟四大志業就是佛性與禪心的實踐

佛性是清淨無染的本性，禪心是定慧圓明的慧心，佛性與禪心構成了悲智雙

運、福慧雙修的師志。

證嚴上人，號召天下之善士，同耕一方福田，以萬蕊之心蓮，共造慈濟世界。他的精神源頭，就是「無緣大慈，同體大悲」的佛陀本懷；他的薪火傳承就是印順導師「爲佛教、爲眾生」的訓示；而他對弟子的期許是「以佛心爲己心，以師志爲己志」；他的中心思想是慈、悲、喜、捨；他的作爲是「誠、正、信、實」。

他把形而上的佛教抽象理念，用具體行動落實在人間，用出世的精神，從事入世的工作，這是「倒駕慈航」、「由聖轉凡」的修學最高境界。

真理往往寓於平淡之中，而平淡的真理，如非有很高的智慧，很大的毅力，很難徹底落實。

我們再舉一則禪宗公案，供大家深思：

唐朝的大詩人白居易，他是位大文豪，也是位虔誠的佛教徒，所以他的外號又叫香山居士。

有一次他去拜訪鳥窠禪師，這位鳥窠禪師在那個時代是一位非常有修爲，很

被尊敬的禪師，他終日居住在大樹上自己蓋的小木屋中，像居住在鳥巢裡頭，所以當時的人稱他為鳥窠禪師。

白居易向鳥窠禪師請益佛道，鳥窠禪師跟他說：「諸惡莫作，眾善奉行。」白居易以為鳥窠禪師會跟他講很神奇高深的法理，沒想到卻講了這兩句話，就很失望的向鳥窠禪師說：「禪師啊！您說的這兩句話，三歲小孩子都知道啊！」

鳥窠禪師聽了白居易的質疑後，很緩慢的說：「三歲的小孩子都知道，但是八十歲老翁卻還沒有辦法做到。」

白居易聽了之後恍然大悟，佛法不是用來說的，佛法是用來做的。

證嚴上人就是把佛法做出來，把佛法落實到人間，把數千年前佛陀教導我們的道理，用具體的行動實現出來，這是古今中外佛教界所罕見的。

盡本分，得本事

上人常說：「盡本分，得本事。」「本分」是什麼？「本分」就是本性，本

性就是佛性，佛性是清淨無染，清澈透明，至大無外，無所不在的慈、悲、喜、捨，定慧圓明之性，一個人全力做到慈、悲、喜、捨，定慧圓明的本性就是到達了菩薩的境界，甚至到達佛的境界。能盡本分，就能為所當為，行所當行，能不變隨緣，隨緣不變，一切神通妙用盡於此，所以說盡了「本分」，就能夠得到「本事」。

「本事」是什麼呢？「本事」是一個人本來具有的能力與功能。唐朝大詩人李白的詩說：「天生我才必有用。」每一個人都有他的本事，這種神通妙用的本事，人人具有。有一首偈語說：「佛在靈山莫遠求，靈山只在你心頭；人人有個靈山塔，好向靈山塔下修。」也正是這個意思。師父也常告訴我們：「莫輕己能。」意思就是不要輕視自己的能力，靈山只在你心頭，好好的盡本分，就是在靈山塔下修。

我們再舉一則唐代著名禪師的一段公案，印證上人給我們的啓發：

石霜禪師早年在山禪師那裡做篩米的工作，一天，石霜禪師篩米完畢，正好山禪師走過來，並從地上撿起一粒米，對石霜禪師說：「莫輕這一粒，百千粒盡

從這一粒裡出。」

這則禪宗公案告訴我們：不要以爲自己的能力有限，或以爲自己無能爲力，只要有心，肯盡力，就能發揮個人的功能，而影響百千個人，慈濟世界就是從每一個慈濟人善盡己能開始，所造就而成的一個真、善、美的團體。這個真、善、美的團體，已成爲社會的一股清流，而這股清流已正發揮洗滌社會人心、澄清社會風氣的作用。

證嚴上人所倡導的慈濟四大志業，其實就是佛性與禪心的總和。把慈、悲、喜、捨四無量心，化成具體有形的四大志業，從事濟貧教富的工作。

「慈」是「無緣大慈」，是愛心。一個跟我們素不相識，無緣無故的人，我們能夠像愛護自己的親人一樣愛護他，這種愛是最清淨無染的愛，是至大無外的愛，是沒有想要有回報的愛，這種愛不是只用「博愛」可以形容，可以道盡的。

爲了落實「無緣大慈」的佛陀本懷，師父從事「慈善志業」；爲了落實「同體大悲」的菩薩心腸，師父從事「醫療志業」；爲了印證「以攝智慧行於心」的佛陀教化，上人從事「教育志業」；爲了讓大家知道「持正法能起喜心」，上人

從事「文化志業」。

所以慈善志業是「大慈」、醫療志業是「大悲」、文化志業是「大喜」、教育志業是「大捨」。慈、悲、喜、捨是慈濟精神的全部，也是福慧雙修、悲智雙運的全部。因爲慈善與醫療是修福，教育與文化是修慧；慈善與醫療是慈悲的表現，教育與文化是智慧的表現。

創造人間淨土

上人的慈濟志業是用智慧來植福田，用定慧圓明的禪心，來做入世救人的工作。所以慈濟志業的目標是淨化人心，上人的弘願是創造人間淨土的慈濟文化。

文化表現在食衣住行、行住坐臥上，也表現在意識形態與價值觀念上。起心動念，一言一行無不都是文化。中國人本來有高度的文化，像漢朝的文化，唐朝的文化都是舉世讚歎的文化，影響所及，四鄰受益，像日本、韓國、中南半島各國都多少受到漢化的影響。

可是自從清朝末年以後，中國文化衰竭了，落後了，到現在幾乎沒有文化可

言。外國人到臺灣來參觀，所得的感想是：臺灣沒有文化，只有風化。多可悲！

慈濟志業的發展是有其步驟性與階段性，這就是佛教所說的時節因緣。上人依大慈、大悲、大喜、大捨的四無量心順序，第一步發展代表大慈的「慈善志業」；第二步發展代表大悲的「醫療志業」；第三步發展象徵大喜的「文化志業」；第四步發展意味大捨的「教育志業」。而集合這四大志業，就成就了整體的慈濟文化，這種融合佛性、禪心、哲學、科學、福田、智慧的經濟文化就是臺灣文化、中國文化，甚至世界文化的新希望。

爲佛教、爲眾生

離開了人間，就無佛可成

佛陀是在人間成佛的，離開了人間就無佛可成。慈濟的志業也是要在人羣中成就的，離開了人羣，就成就不了慈濟。所以證嚴上人一再強調是「爲佛教、爲

眾生」而從事慈濟志業的。

為佛教是——續佛慧命，勤修慧根；為眾生是——拔苦與樂，廣植福田。記得精舍常住師父曾經告訴我，上人說法的第一部經是《地藏經》，地藏王菩薩「地獄不空，誓不成佛，眾生度盡，方證菩提」的弘願，是師父的縮影；而觀世音菩薩，千手千眼，慈悲濟世是師父所從事慈濟志業的寫照。

上人上承佛心，並繼師志，為佛教、為眾生而苦行於菩薩道上，所有慈濟人也應「以佛心為己心，以師志為己志」，共同來寫這部最光輝的現代歷史，來創造佛陀滅度後，最可歌可泣的佛教歷史，譜下人世間最欣喜、最令人感動的美妙篇章。

七十九年八月十三日於慈濟醫院

談心

很高興有這個機會和同學共聚一堂，開心的談心，引爲人生一大快事。

提到人生，是多麼嚴肅的一件事，但人生的嚴肅與否，端看我們用什麼「心境」面對。菩薩上求佛道，下化眾生，猶能以一種開朗的心境「遊戲人間」，人生難得幾回開心；我們不妨用輕鬆的心情，來談談心。

提到「心」這個字，筆劃很簡單，意義卻很複雜；認識它不難，瞭解它不易。在我們的中文辭典裡，有關「心」的詞彙與成語不少，會正確使用它的人卻不多。

例如，常會聽到甲同學說：「我今天的心情壞透了。」

乙同學會勸她說：「妳就是太小心眼。」

甲同學接著說：「就是我心腸太好了，碰到心術不正的他，就心亂如麻了。」

乙同學同情的說：「只要妳保持平靜的心境，用心思考，他就白費心機了。」

甲同學憂傷的說：「但是我每次碰到他，都會心猿意馬，因爲他的風采，我

心儀已久。」

乙同學說：「這是妳的自由心證，其實，相識滿天下，知心有幾人?心廣體胖，心勞日拙，想開了就好了。」

甲同學情緒逐漸平穩的說：「謝謝妳能平心靜氣，傾聽我的心聲，使我有很好的心得。」

乙同學最後說：「記住我的話，保持明澈的心智，仔細觀察，朋友相交如果能心心相印，那是最好不過的了。」

心是何物?

以上這兩位同學的對話，每一句話中，都用到了「心」字，可見「心」字被廣泛使用之一斑。既然我們常用到「心」字，就應認識「心」，瞭解「心」，正確的用「心」。

「問世間情是何物?直教人生死相許。」這是多愁善感的文人，對「情」之為物的感歎。

我們也要模仿這句話的語調說：「問世間『心』是何物？直教人日夜研究。」研究心、瞭解心，才能正確的用「心」，才不會有千千心結。沒有心結，就不會有心病。沒有心病，就是最開心，最健康，最美麗燦爛的人生。

人身難得今已得，人的形壽有限，而時間無窮。個人的生命有時盡，而羣體的生命無窮期。其實，個人的生命就是羣體生命的延長，沒有個體就沒有羣體，沒有個人的生命，就沒有羣體的生命。沒有我們的父母，哪裡有現在的我們？沒有現在的我們，哪裡會有未來的子子孫孫？把握難得的人生，是每一個人的義務，也是責任。

心是主宰

不可否認，「人生難得易逝」。世界上物種千差萬別，天空飛的、陸上走的、水中游的，何止萬種，而我們有幸能生而爲人，這豈不是難得？

但在短短的數十年生命中，有人轟轟烈烈的過一生，有人沒沒無聞的與草木同朽；有人一生多采多姿，有人自始至終平淡灰黯；有人逝後留芳百世，有人死

後遺臭萬年。是英雄、是奸雄；是好人、是壞人；是聖、是凡；是順境、是逆境，都在一念之間，所謂「一念萬年，萬年一念」都是心的作用。

心是我們一切行爲的主宰。所以說「命隨業轉，業由心造」，心可以成善果，也可以造惡業，古聖先賢所以一再強調「修心養性」，就是這個道理。

今天，我們不想談修心養性的道理，我們只想和大家談談心。

俗話說：「知人知面不知心」，這是說「人心」難測。又說：「女人心，海底針」，人心本來就難測了，女人的心，更難測，更難捉摸。孔子說：「唯女子與小人難養也。」這也是在強調女人之善變，好在孔子說這話的時候是在數千年前，是女權最黑暗的時期，如果在今天說這話，不受女權運動者的嚴重抗議才怪呢！

雖然「人心難測」，可是我們的祖先也曾說：「路遙知馬力，日久見人心。」只要假以時日，用心觀察，人心還是可以瞭解的。

爲了說明的方便，我們依作用與性質的不同，分下列幾類來談心。

文學的心

文學的心是關懷世間疾苦的心

我國在一千四百多年前，有一本很傑出的文學理論著作，它的書名是《文心雕龍》，是劉勰的精心傑作。這一本書也是中國文學史上，第一本建立中國式文學理論體系的書。書中廣泛的探索了文章的體裁、寫作的方法與技巧，大學中文系的學生，都必須閱讀這本古代文學理論名著。

我們不是要介紹這本書，我們提這本書的用意，只是在說明，文學的心，異於其他不同類別的心。

文學的心是什麼呢？文學的心就是感性的心。文學作品，是感性的作品。感性，是從生活中體驗出來的。能體驗豐富的人生，其文學作品必然也感人肺腑，沁人心脾，豁人耳目，令人回味無窮。

《三國演義》是本中國家喻戶曉的文學巨構。凡是中國人，對書中的重要人物都耳熟能詳，並且津津樂道。我個人除了欣賞書中的各類情節，更欣賞這部章回小說開講之前的一闕詞：

滾滾長江東逝水，浪花淘盡英雄；
是非成敗轉頭空，青山依舊在，幾度夕陽紅。
白髮漁樵江渚上，慣看秋月春風；
一壺濁酒喜相逢，古今多少事，都付笑談中。

文人的心總是細膩的，文人的心也總是多愁善感的，短短的幾十個字，就把三國演義的精神烘托得淋漓盡致，怎能不佩服羅貫中高人一等的文心？

又如《紅樓夢》，這是一部言情的文學不朽之作，這部小說的味道和《三國演義》截然不同，但曹雪芹的文心與羅貫中並無兩樣，都是出於一顆至情至性的心。曹雪芹自己認為寫《紅樓夢》這本書是：

滿紙荒唐言，一把辛酸淚；
都言作者癡，誰解其中味？

書中的情癡賈寶玉；小心眼卻弱不禁風的林黛玉；女強人的王熙鳳；柔中帶剛的薛寶釵等人物，在曹雪芹的生花妙筆下，栩栩如生，令人又愛又恨，故事情節令人笑了又哭，哭了又笑，這就是紅樓夢的感人之處。

關懷宇宙萬物

文人的心是細膩的，所以文學的品味講求「意境」，有意境自成高格。依王國維的說法，文學的意境分爲兩種，有「有我之境」，有「無我之境」。「有我之境」是以我觀物，故物皆著我之色彩；「無我之境」是以物觀物，故不知何者爲我，何者爲物，到達渾然忘我的境界，就像莊子做夢，夢到自己變成蝴蝶，等到醒來之後，不知道自己是莊子呢？還是自己是蝴蝶？「莊生曉夢迷蝴蝶」簡直是物我兩忘了。

「無我之境」的作品優美，如：陶淵明的「採菊東籬下，悠然見南山」；元好問的「寒波澹澹起，白鳥悠悠下」。

「有我之境」的作品宏壯，如馮延巳的「淚眼問花花不語，亂紅飛過秋千去」；秦觀的「可堪孤館閉春寒，杜鵑聲裡斜陽暮」。

不管文學的作品是著「有我之境」或著「無我之境」，文人都必須先涵養純真豁達的文心，對宇宙人生，須能「入乎其內」，又能「出乎其外」。「入乎其內」故能感之，「出乎其外」故能觀之。總之，文學的心是感性的心，是關懷宇宙萬物的心，是關心世間疾苦、人情冷暖的心。

藝術的心

藝術的心就是怡情的心

文學和藝術並稱。

文學講究感人肺腑，藝術講求「沁人心脾」。

我國近代有一個很有名的美學理論家，叫做朱光潛，他寫了一本《文藝心理學》，對藝術的美學有很深入的闡述。

藝術的心，就是美感的心。

什麼樣的事物才算美？能引起美感經驗的就算美。

什麼是美感經驗？就是我們在欣賞自然美與藝術美時的「心理活動」。

「萬物靜觀皆自得，四時佳興與人同」，只要你有閒情，有逸致，則竹韻、松濤、蟲聲、鳥語、無垠的海波、蒼翠的高山、飄忽的雷電、淅瀝的風雨、悠悠的白雲，甚至斷垣殘壁、老舊城堡、枯藤老樹、小橋流水，都能成爲賞心悅目的對象，不僅自然造化如此，人的心緒也是如此。偷得浮生半日閒，靜看斜陽落日，未嘗不是人生一大快事。

美感的經驗，可以說是形象的直覺，也是一種認知的過程。認知就是「心」的作用。「知」依深淺程度，可以分爲三種。最簡單、最原始的知是「直覺」的知，其次是「知覺」的知，最後是「概念化」的知。

「直覺」的知是心的最初感覺，就像小孩子第一眼看見世界一樣，他所看到的是先前一無所知的形象，這種最直接的感覺，既不能喚起任何由經驗得來的聯想，也不能知覺它所代表的意義，這種見形象而不見意義的知，就是「直覺」的知。

等到小孩子透過大人們的教導與自身的經歷與體驗，很多事物由「直覺」演變成「知覺」，就是由單純的「直覺」形象，進而深悉形象的意義與聯想，如對於一張桌子，所看到的不僅是具體的形象，而且聯想到它的功能與作用、質料與形狀、色彩與價值。

無所為而為

概念化是超「直覺」與「知覺」的知，它是知的總結，是對所知事物的抽象化過程。小孩第一次看到牛，是用感覺器官直覺化的形象，慢慢的隨著教化與成長，知道牛的作用與特性，最後把具體形象的牛，完全抽象化了，而且不斷提升它的抽象層次，從實際的形象提升到象徵的涵義，例如，說張三像條「牛」，他

的意思不是說張三的長相像牛，而是把牛的特性與作用延伸到「笨壯」、「勞苦」等抽象層次更高的意義，用這個意義來象徵張三這個人的個性與特質。

所以藝術的知是超越實用世界的意象世界的知，藝術的心是「無所爲而爲」的心。是「用志不紛，乃凝於神」的「凝神觀照」的心，就是美感經驗的凝神境界，這種境界總是如夢似幻，不能用「實用」的觀點來衡量。

如觀賞一棵古松，你不要去問古松的結構，也不要去問古松的價格，你欣賞它的造形，體會它的蒼勁，然後你會去聯想它的高風亮節，把人格溶入古松之中，這就是「移情作用」，藝術的心，就是怡情的心。

科學的心

科學的心就是實證的心

科學是講究實證的學問。胡適先生說：「請拿出證據來。」許多人深信這個

拿出證據的心，就是科學的心。

其實，科學的心是「理性的心」。

一般說來「理性的心」比較嚴肅，感性的心比較浪漫。所以詩人與藝術家比較不拘小節，而科學家就比較嚴肅與木訥。

李白的詩：「白髮三千丈」，名傳古今。又如：「黃河之水天上來，東流到海不復還」；岳武穆的〈滿江紅詞〉：「怒髮衝冠憑欄處，蕭蕭雨歇」，都是千古傳頌的佳句。

理性的心

然而在科學家的眼中，這些名句都是極不合科學與生活經驗邏輯的戲論。白髮哪裡可能三千丈？黃河哪裡是從天來？生氣時，頭髮哪有可能把戴在頭上的帽子衝掉？科學家與文學家、藝術家的心截然不同，分別就在於一個是感性的心，一個是理性的心。

在科學家和醫師的眼裡，心就是心臟，是製造血液的器官。

很多年以前，臺灣醫學界第一個開心手術的病例成功了，那時候轟動整個社會，報社出了一個題目，請記者去訪問那位執行開心手術的醫師，題目是：「和開心醫師談心」。這個題目有幾個涵義：

(1)手術成功後，這位醫師當然很高興，很「開心」，所以此時此刻，他是位最「開心」的醫師。

(2)同時他是負責心臟手術的主刀醫師，也是開心的醫師。

(3)談心，也有兩層意義：一是談血肉的心臟；二是跟他聊聊家常，談談所知、所感、所想的心。

談醫學的「心」，許多人恐怕會比我內行，但我們不想談血肉之心，我們旨在說明科學的心，就是理性的心，就是實證的心。不管是化學、物理學、醫學、心理學、生物學等都是屬於自然科學，都必須具備有理性的心。

哲學的心

哲學的心就是知性的心

「哲學」是西洋Philosophy一詞的中譯，是指一種思辨明理的學問。所以從Philosophy一詞來說，就是「愛智」，哲學的心，就是知性的心。

西洋哲學，興起於古代希臘，約在公元前六世紀到四世紀的兩、三百年間，也就是距今二千五百年左右，那時候希臘政局安定，人民生活優裕，於是他們會去思考宇宙間的基本問題，探討超乎人我的自然理律。

思辨之學

一般而論，中國的哲學和西方的哲學、精神與背景都不盡相同。西洋哲學比較著重在抽象名理的討論，而中國哲學比較著重人世間實際體悟和證驗。但無論

如何，哲學是一種思辨的智性學問，應無可置疑。

中國哲學從春秋戰國的百家爭鳴，到現在的中西共容，其間經過二千多年的演變，歷經了幾個階段的發展：

第一階段是距今二千五百年前的春秋戰國時代，這是中國哲學的黃金時代。這個時代，儒家、道家、法家、墨家、陰陽家、農家、縱橫家、名家、雜家、小說家，一共有十種思維主張與哲學論調。

著重實踐

雖然派別不同、出發點有異、理念千差、主張萬別，但是共同之點就是著重實踐。例如孔子「食不求飽、居不求安」爲的就是志於道。而其棲棲皇皇，知其不可而爲之，就是爲了安定社會、挽救蒸民。

又如墨子「摩頂放踵，利天下爲之」，主張尚同、尚賢，甚至不惜以身相殉，也是著眼於解決民間的疾苦。

其他如農家主張「賢者與農並耕而食」；道家主張「恬淡自守，返璞歸

真」，也是志在澄清天下；縱橫家的遊說活動、推銷自己，其目的就在於使自己的抱負與理想能夠實現，以達富國強兵，榮華自己。

這一階段的哲學，很少談抽象的理論，也不喜歡縹渺的玄談，「力行」是這個時代的哲學重點。

第二階段是漢朝「罷黜百家，獨尊儒術」的崇儒階段，以修身、齊家、治國、平天下爲中心思想的儒家哲學，在漢朝得以發揚光大。直到目前，我們還受儒家思想的左右。

第三階段是唐朝的佛學盛行階段，這一階段佛學開始在中國生根、茁壯。佛學融入了中國固有的哲學思想後，成爲與印度佛學儼然不同的佛學，那就是大乘的佛學。大乘佛學著重兼善天下，小乘佛學只能獨善其身。

兼善天下，必須入世；獨善其身，只要出世就行了。小乘易、大乘難，道理就在此。

第四階段就是宋朝的理學，以朱熹爲代表，是融合了佛家與道家、儒家思想的一種新的思想，強調格物窮理、強調存公理、去私欲、強調理與氣。

朱子說：「心者，人之神明，所以具理而應萬事者也。」

這一階段開始強調心理的重要了。

心即理

第五階段是明朝的心學，以陸象山、王陽明爲代表。

陸象山講「心即理」。

王陽明講致良知，強調「知行合一」。

王陽明的四句教，足以涵括「陽明學」精神的全部：

無善無惡心之體，有善有惡意之動；
知善知惡是良知，為善去惡是格物。

意思就是說：人身的主宰是「心」，當其未發的時候，歸本於寂，無所謂善惡。但心之所發便是「意」，而意動之所在是物。既然「意」之所在在於物，於

是便有所執。有了執，便成相，有了相便起善惡，能嚴別是非，知所善惡即是良知，能爲善去惡就是格物。

因此所謂「良知」，就是不受污染的心，能知善惡的心，也就是赤子之心。中國哲學到清朝經過西方文化的衝擊，已快到奄奄一息了。我們現在的思想哲學，究竟有多少是中國的原始哲學精神，值得思考，也值得懷疑。總之，哲學之心，就是思辨之心，就是知性的心。

宗教的心

宗教的心就是靈性的心

宗教是一種信仰，而信仰就是一種力量。不論古今中外，不論任何種族，都會有其宗教信仰。宗教是人類心靈的憑依，所以宗教的心，就是靈性的心。

世界主要的宗教有：佛教、天主教、基督教、回教。和中國人淵源最深的是

佛教，因爲佛教自從秦漢傳入中國後，就經過中國信仰家與宗教家不斷改造，而成爲深具中國文化特色的大乘佛教。

佛教也談心，所以佛經說：「三界唯心，萬法唯識。」

但心究竟在哪裡呢？有人說：「心就在我們的胸腔內呀！」但那是醫學上的心，並不是我們所說的三界唯心的心。

心是看不見、捉不著的存在。所以有人說：「心在我的意識中。」然而「意識」又是什麼呢？談心不易，知心也不易！

萬法一心

佛經裡頭將心分爲六種：

一是肉團心，也就是我們醫學上所說的心臟。

二是草木之心，此爲物的中心，又叫處的中心，也就是不執兩端的中心。

三是集起心，就是八識中的阿賴耶識，以集諸種子，又能生諸現行法故，經驗之再現心。

四是緣慮心，又稱慮知心、了別心、依情境而生分別的心；喜、怒、哀、樂之心。

五是堅實心，不生不滅之心，也是自性清淨心、未受污染的心，明「心」見性所要明的心。

六是積極精要心，積極諸經中一切之要義者，正知正覺的心。

佛法強調的是「萬法一心」，所以《華嚴經》說：「心如工畫師，畫種種五陰。」《心地觀經》也說：「心如畫師，能畫種種色故。」

佛教的哲理是要我們保住常住的真心，也就是自性清淨的堅實心、不受污染的心。

那麼自性清淨、不受污染的心，要去哪裡找呢？《金剛經》說：「過去心不可得、現在心不可得、未來心不可得。」其實他是強調「應無所住而生其心」，無所住而生其心，也就是不執著的心，是「平常心」。

而平常心又是什麼？我們舉一則禪宗的公案：

從稔禪師問南泉禪師：「如何是道？」

南泉說：「平常心是道。」

有人問長沙景岑禪師：「如何是平常心？」

禪師說：「要眠即眠，要坐即坐。」

曰：「學人不會，意旨如何？」

師曰：「熱即取涼，寒即向火。」

也就是爲所當爲、行所當行，不受污染或執著的心。

禪宗始祖達摩禪師和二祖慧可禪師也有一段關於安心的公案。

慧可禪師說：「我的心一直不安寧，請師父幫我安安心。」

達摩禪師說：「好啊！你拿心來，我幫你安。」

慧可說：「我找不到我的心，我哪裡能拿出來呢？」

達摩說：「我已幫你的心安好了。」

這就是說，心本來就不可捉摸，所謂安不安存乎於自己。因此學佛的人講戒、定、慧，就是在悟出了不可得的清淨自性的心。

達摩禪師曾說：「現在，明道者多，行道者少；說理者多，通理者少。」其目的就是要人去行道，而不是去說道。

其他的宗教亦復如此，所以我們說宗教的心是靈性的心。

慈濟的心

慈濟的心是慈悲喜捨的心

佛教慈濟護理專科學校是由慈濟功德會所創辦的學校。所以凡是慈濟人，都

必須知道慈濟的心。

慈濟的心是什麼呢？就是集感性、理性、知性、靈性於一爐的心，是慈悲喜捨的心，是佛陀釋迦牟尼佛「無緣大慈、同體大悲」的心，是誠正信實、真善美、智仁勇的心。

慈濟的哲學內涵是理事圓融。

慈濟的修習法門是福慧雙修。

慈濟的宗旨是造就真善美的慈濟世界。

慈濟的工作精神就是力行實踐、精益求精、永不退轉的勇猛精進心。

慈濟的教化就是佛陀慈悲喜捨的教化。

「慈」是無緣大慈，是清淨無染，怨親平等的大愛，如慈母之於稚子，無所求的「與樂」。

「悲」是同體大悲，是人傷我痛，人苦我悲的憐憫，如菩薩之於生，無條件的「拔苦」。

「喜」是「持正法，起喜心」，是得正知、持正念、行正法、走正道的歡喜

心，如益友之見所交，離惡向善，離苦得樂的喜慶。

「捨」是「攝智慧，起捨心」，是無怨的付出，無悔的服務，如良師之於學生，無保留的傾囊相授，如嚴父之於子女，無求回報的給予。

智者不惑，仁者不憂，勇者不懼。

真善美的化身

大家看慈濟的每一位委員，從他們的言行舉止，都可看出是真善美的化身，是智仁勇的表現，是慈悲喜捨精神的凝聚。

每一位委員都能以「佛心爲己心，師志爲己志」，故一眼觀時千眼觀，一手動時千手動，何異於觀世音菩薩之千手千眼？

「一月普現千江水，千江水月一月攝」，慈濟以慈悲喜捨之心，誠正信實的精神，利濟眾生、濟貧教富，就是我們中國哲學精神的再現。

我們每一個人都在寫歷史，每一個人也都在創造歷史，尤其身爲護專的第一屆學生，妳們更任重道遠，所有的慈濟人對妳們都寄以厚望，有著很高的期許，

相信妳們也會以充滿愛心自居，做個充滿靈性的白衣大士，病患需要妳們。

本來我們說好用輕鬆的心情談心，但不知不覺中，話題慢慢嚴肅，到最後又增加了各位的心理負擔，實在抱歉。但總歸一句話，希望大家能對天下病苦眾生以「心」相許，才不愧是慈濟人的用心。

最後希望大家永遠保持歡喜心，永遠開開心心。

一九九三年十月於慈濟護專

禪心江上月

——慈濟經驗對重整臺灣社會道德的啓示

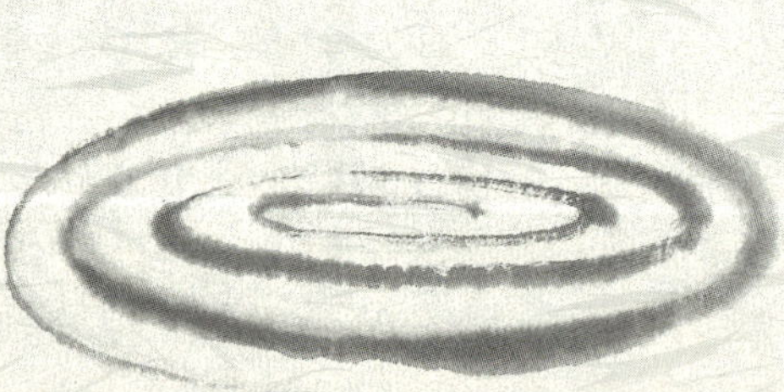

《時代》雜誌把臺灣形容為「貪婪之島」，我們引以為恥；來訪的外國朋友說臺灣只有風化，沒有文化，我們引以為痛。四十多年來，臺灣在全體人民的辛勤耕耘下，經濟上創造了舉世矚目的「臺灣經驗」，但在引以為傲的「臺灣經驗」背後，卻產生了不少的社會問題。物質生活愈富裕，精神生活愈貧乏；規範行為的法律愈多，自律內省的道德愈少。社會問題層出不窮，頹廢風氣一波未平，一波又起，色情氾濫問題才愁上心頭，賭風熾盛又憂上眉梢；綁票勒贖與暴戾之氣繼之而至，販毒吸毒又風捲雲來。上下交征利，朝野忙鬥爭，這樣的社會怎麼不令人憂心忡忡，豈能不令人感到遺憾？

現在社會的病癥很多，但病源只有一個，那就是人生的價值觀愈來愈模糊，社會價值體系愈來愈散漫，道德的訴求愈來愈鬆懈。有不少人甚至再也不相信「人性本善」了，「勤能致富」的傳統觀念動搖了，物質生活不斷在提升，道德修養不斷在沉淪。人與人之間變得相當冷漠，用以凝聚社會力量的彼此之間應有的互信與關懷蕩然無存了。

於是有錢的人千方百計想遠走高飛，移居外國；沒錢的人得過且過，過一天

算一天，管他明天是光明還是黑暗，只有那些關心臺灣未來前途的人，才開始擔憂我們的社會究竟應該何去何從。

其實，平心而論，臺灣社會的黑暗角落固然很多，但善良民眾用具體行動表現出來的光明面亦復不少。可惜大眾傳播媒體往往偏重黑暗面的渲染，疏於光明面的報導，使得整個社會形象受到扭曲，也未免是另一種遺憾。

菩薩人間化

眾生度盡，方證菩提；地獄不空，誓不成佛

慈濟功德會與慈濟慈善事業基金會是一個宗教性的組織，也是一個慈善性的團體，都是由證嚴法師所創立的。任何團體的創立，都有其淵源與宗旨，證嚴法師創建慈濟的宗旨只有一個，那就是「爲佛教、爲眾生」。

一個正信正見的佛教徒，一生所追求的是「上求佛道，下化眾生」。「上求

佛道」是自度，「下化眾生」是化他，自度度他就是大乘佛教的精神，也是菩薩善道的精神。這與儒家的「獨善其身，兼善天下」的理念並無兩樣，所不同的是儒家的「獨善其身，兼善天下」的理想是「修身、齊家、治國、平天下」，以入世的精神從事入世的工作；佛教的理想是「眾生度盡，方證菩提；地獄不空，誓不成佛」，以出世的精神從事入世的工作。

自度化他

所以證嚴法師一再提倡「佛教生活化，菩薩人間化」，目的就是以出世的精神，從事入世的工作。出世的精神就是不計名利的精神，入世的工作就是度化一切「有情」的工作；出世的精神就是「自度」，入世的工作就是「化他」。因此，從功能看，宗教可以說是道德之母，道德可以盡到的功能，宗教必定可以做到；但宗教可以盡到的功用，道德不見得有辦法盡到。

可是，令人感到不解的是，有不少的人一方面肯定宗教的力量，一方面又視宗教為洪水猛獸，誤認宗教是一切迷信的根源。這就太不瞭解宗教，是對宗教有

所誤解而產生的認知上的偏差。今天我們社會道德不顯，歸根究柢就在於許多人，包括部分政府官員在內，對宗教的冷漠，對宗教本質的歧視。

慈濟功德會自民國五十五年由證嚴法師創立至今，已有二十五年的歷史。二十五年來，證嚴法師帶領著他的弟子，默默的從事濟貧與教富的工作，從當初的三十位捐款護持的力量，發展到現在逾百萬個會員，大家所看到的只是一股宗教力量的形成，並沒有正視到那也是一股道德力量的壯大。

什麼是道德？這個非常抽象而且形而上的名詞，不知引發多少古今中外人士的爭論。道德是相對於不道德而言的，它包括內斂與外顯兩部分：內斂是對人生價值的認知；外顯是表現在外面的行為。不當為而為，是不道德；當為而不為，也是不道德。作姦犯科，投機取巧都是不當為而為，當然是不道德；見死不救，見難不助，甚至一舉手，一投足雖是小事，但當為而不為，也是不道德。

所以，所謂道德應該是「為所當為，不為所不當為」。「為所當為」，要有「雖千萬人吾往矣」的氣概；「不為所不當為」，就要有富貴不能淫，貧賤不能移，威武不能屈的氣節。

慈濟工作的精神是宗教的慈悲喜捨，道德的誠正信實，所以工作的方法是智慧與實踐，而表現在外的是慈善、醫療、教育、文化四項志業。

智慧就是思想的內斂，實踐就是行爲的外顯；宗教的慈悲喜捨就是思想的內斂，道德的誠正信實就是行爲的外顯。把內斂的思想與外顯的行爲，用智慧落實在具體的工作上，就是濟貧救病的慈善與醫療，以及教富化育的教育與文化。

「善化天下者，止於盡道而已；善教天下者，止於盡德而已；善勸天下者，止於盡功而已；善率天下者，止於盡力而已。」想教化人羣，塑造良好社會風氣，除了盡道、盡德之外，還要盡功與盡力。

慈濟經驗

力行實踐勝於口號空談

二十餘年來，慈濟基金會以宗教爲體，以道德爲用，以盡功爲經，以盡力爲

緯，以出世的精神從事入世工作的經驗，我們由此得到幾點感想與心得：

第一、我們深信人性本善，愛心本具，而且人人都有向善之心，只是未能加以啓發，使得原有的善心被埋沒了。由於缺乏激發力，使得本具的愛心隱藏於內，未能表現在外。這就是孟子所說的「惻隱之心，人皆有之」的道理，也是佛教所說的「人人具有佛性」，以及「心、佛、眾生，三無差別」的道理。

雖然人人都有惻隱之心，且都具有佛性，但不加以導引而令其顯現慈心與佛性，則與無惻隱之心何異？慈濟志業就是肯定了人人本具的善心與佛性，並設法引發大家，把本具的慈悲喜捨的善心與佛性表現出來。

第二、我們深信積小善可以成大善，積小惡可以成大惡，所以不能因善小而不爲，亦不能因惡小而爲之。慈濟的濟貧教富工作就是積小善爲大善，並戒小惡爲無惡。這就是積少成多，聚沙成塔的道理。

現在的人都想立大志做大事，而忽略了小善、小惡。易經說：「履霜堅冰至」，對於不道德的事，如果不能防微杜漸，等到大惡已萌，要防止談何容易。對於道德的事，如果不能巨細靡遺的去做，則又豈能畢其功，竟其業？

第三、以德服人勝於以力服人，所謂「德以柔之，教以諭之，禮以禁之，法以懲之」，德與教是自省，禮與法是外律。用以外律的「禮」與「法」固然重要，用以自省自律的「德」與「教」更重要。慈濟功德會能由最初的三十位會員，發展到現在的百萬會員，此無他，唯德與教而已矣。「德」是證嚴上人的威德，也就是上人高尚人格所流露出來的服人氣質。「教」是教法，也就是上人用以教導人羣、說服人羣的內涵。

老師所以能夠讓人心悅誠服，追隨證嚴上人從事社會慈善工作的人愈來愈多，一方面是上人的威德，一方面是上人的教法。凡是深入淺出，說理淺顯，切合生活，有助人生問題概念的說法，都有沛然莫之能禦的力量。例如，《證嚴法師靜思語》從去年九月到現在，已發行了二十餘萬本，發人深省，這就是一股壯闊的影響力，比起禮與法的外在約束力量要大得多。

一步一印，力行實踐

第四、力行實踐勝於口號空談。「說一丈，不如行一尺」，空喊口號，德之

賊也，不僅無益於世道人心，而且產生麻醉人心的負面效果。現在的年輕人幾乎不敢公然談忠孝，不敢大聲論仁詮義，何以故？就是因爲口號喊多了，具體表現太少了，大家都視之爲時代的八股、迂腐的論調，所以人人避免談道德、論忠孝，影響所及，形成了一股蔑視道德的風氣，如此的社會哪裡會有氣質可言？哪裡會有善的循環？

慈濟的志業不是說出來的，而是行出來的，是一步一印做出來的。慈濟經驗能成爲台灣經驗中最動人的一章，完全是以行動感化大家的，力行與實踐才是振興道德的根本。

第五、政府與部分人士對宗教的漠視，是道德淪喪的因素。之所以有這種感觸，完全是因爲我們廣爲接觸社會各個層面所得的結論。從宏觀的社會學的角度看，藝術、文學、哲學與宗教都是陶冶與淨化心靈的人文範疇，但是政府鼓勵藝術文學的活動不遺餘力，而宗教活動不僅沒有受到鼓勵，而且還要受到歧視，實在讓人感慨萬千。

或許這是政府部分官員對宗教的不瞭解，甚或是誤解所造成；也或許確實有

一些誤導迷信的民間信仰，讓政府因噎廢食，但不管如何，只要是正信正見的合法宗教，都應受到鼓勵，因爲正信正見的宗教都是勸人爲善，有助道德的提振。

第六、「臺灣錢淹腳目」，臺灣社會雖稱富有，但以慈濟的經驗，臺灣貧困的黑暗角落仍然不少。這些貧戶中，有很多孤老無依者，也有不少智障殘廢者，他們都躲藏在黑暗的角落中，得不到應有的關懷。我們的社會不提振道德則已，要提振道德就應該發揮社會的愛心，讓孤老無依，貧病待救的人得到溫暖與關懷，要是這起碼的人類間相互扶持濟助的道理，都無法落實的話，任何重建社會道德的主張都是空談。

借鏡慈濟，重振道德

平凡卻寶貴的七項啓示

慈濟慈善事業基金會從實際的慈善工作中，獲得了一些寶貴經驗，這些經驗

聽起來可能非常平凡，但卻花了慈濟二十多年的時間。從這些寶貴經驗中，或許對重振社會道德上有些啓示：

啓示一：借助宗教的力量

要想重振臺灣社會道德，必須借助宗教的力量。記得不久以前，有一位國外的知名學者訪問臺灣，當有人向他請教如何挽救臺灣日漸頹廢的社會風氣時，他毫不猶疑的說：「宗教，唯有宗教可以力挽狂瀾。」這個觀念，跟我們不謀而合，任何宗教只要是正信正見的宗教，都值得我們去推動、去尊重。

現在臺灣社會最欠缺的就是「宗教情操」，大家沒有宗教信仰，人生就沒有目標。中國人受儒家的影響很大，但如果我們把儒家與佛教的思想觀念做一比較，可以發現：

儒家談性理，不談因果；而佛教既談性理，又談因果。

儒家論是非，不論報應；佛教既論是非，又論報應。

信因果的人，其心常畏；畏則不敢爲惡。不信因果的人，其心常蕩；蕩則無

所忌憚。信報應的人，其心常戒；戒則必能為善。不信報應的人，其心常慢；慢則無惡不作。如果民眾能建立起因緣果報觀，就可以用行動實現其「自度度他」，獨善其身，且兼善天下的價值觀。

「宗」是人生的宗旨，自淨淨他就是人生的宗旨；「教」是教育；諭以勸之，德以化之就是教育，宗教是教育自己並勸化他人。因此，能培養國民的宗教情操，才能建立起對生存價值的正確認知，大凡人民具有高度正確宗教情操的社會，都是道德高尚的社會。宗教力量是道德養成的泉源，應無容置疑；反之漠視宗教或毫無宗教信仰的社會，就是淫亂頻傳的社會、充滿暴戾之氣的社會。

啓示二：道德生活化

要讓宗教做為道德力量的泉源，必須先將宗教生活化、人間化，把宗教與民眾的生活緊密結合在一起。這就是為什麼證嚴法師極力倡導「佛教生活化，菩薩人間化」的原因。

過去一般民眾總認為「成佛」遙不可及，成為「菩薩」談何容易。事實上「

佛」的意思就是「覺悟」，凡是覺悟的人就是佛；「菩薩」就是善行，能夠行善的人就是「菩薩」。所以只要能夠覺今是而昨非，悔過向善，只要能永誌不忘，力行善道，就可以成佛、成菩薩。如此簡單，人人能行，人人可成，自然可以引導人們努力行善，有助人格道德的昇華。

重建社會道德，最怕的是立意高遠，以致高不可攀，讓人視道德爲畏途，誤認履踐道德必須付出高昂代價，當然就不會引起民眾的共鳴。要使民眾認爲道德是能行易行的，就必須要把道德生活化，從生活中去力行道德，體會道德的甜美滋味，才能讓道德在我們的社會生根，重建道德的理想，才不至落空。

啓示三：重視同儕的拉力

實踐道德，必須相互成就，也就是必須重視「同儕的拉力」。所謂「同儕的拉力」是指同道或朋友之間的相互影響而言。道德與罪惡只是一種人類行爲的標竿，沒有所謂的拉力或導向力，之所以有人願意爲善或熱心爲善，除了內在價值觀念的驅使外，外在同儕的拉力也具有舉足輕重的地位。

慈濟從事慈善工作的經驗，印證了良師益友的重要性，慈濟的會員之所以能從最初的三十人增加到現在的百餘萬人，都是靠同儕的拉力，也就是從委員的以身作則，一個影響一個，一個再影響另一個，這樣一傳十，十傳百，大家相互學習、相互觀摩、相互砥礪，而凝聚成一股履踐道德，成就自己的同儕力量。

重整社會道德，最怕的是得不到響應，孤掌難鳴，再好的理想與目標都無法達成。但是發揮同儕的拉力，必須先樹立「人格典範」，先健全自己、改造自己，以能夠被認同的人格典範進行「拉力」的工作，才能事半功倍，所以證嚴法師一再告誡慈濟委員及慈誠隊員必須先莊嚴自己、改造自己，才能去影響別人，這就是發揮同儕的拉力。

因此，社會道德的重整，不是政府，也不是任何一個團體所能單獨辦到的，必須結合所有團體，動員團體中的每一個人先健全自己，再去從事「同儕的拉力」工作，如此，臺灣的社會道德何愁不能重建？

啓示四：讓好人出頭

必須讓實踐道德的人，能夠獲得喜悅與回饋。說實話，現在社會上絕大多數的人都知道什麼是道德，但卻不願去做合乎道德之事，原因何在？在於履踐道德之後，不但得不到應有的喜悅與回饋，反而要惹上煩惱與吃上大虧。而那些從事不道德之事的人，卻往往能夠春風得意，占盡便宜，像這樣好人不能出頭，壞人卻能風發，道德哪裡能夠提振？

慈濟就是讓所有參與慈善工作、護持慈濟志業的人，都能夠享有付出之後的喜悅，讓他們在精神上享受無比的輕安。當然這與宗教的信仰與情操有密切的關係，但與人性的發揚，也有不可分離的關聯。所以不提振社會道德則已，要想使道德規範重新建立，就必須設法讓好人出頭，讓好事傳千里，讓實踐道德的人能得到喜悅與滿足。

啓示五：上行下效

重建社會道德必須從上而下，享受實踐道德的喜悅必須從下而上。孔子說：「君子之德風，小人之德草，草上之風必偃。」這種德性必須由上面做起的理論，不無幾分道理。不可諱言的，今日臺灣社會道德淪喪，跟上階層的各界領導人有關，如果政治人物均爲己謀；商界人士唯利是圖，投機取巧，無所不用其極；教育界人士不能身教與言教並重，人格有虧，如何能盡諄諄善誘的責任？君子是社會大眾的榜樣，上梁不正下梁歪，作爲上層社會的「君子」們才是重整社會道德的主力。如果高高在上的高階層人士爲所欲爲，甚或胡作非爲，而要求中下階層的社會大眾循規蹈矩，恐怕難矣！

慈濟功德會證嚴法師與其所率領的弟子，就是以誠正信實的精神，從上而下，發揮宗教的情操，發揚道德的勇氣，才能讓百萬人信服與追隨。而慈濟委員與會員行善後所得的輕安與喜悅是由下而上的，所以有許多人出錢出力，不斷布施捐獻，還要感謝師父，這是因爲他們確實能享受到助人之後的快樂滋味。

啓示六：建立正信的宗教觀

「信爲道元功德母」，對道德要有正確的信仰與信心，人與人之間彼此要能互愛互信，道德才有辦法扎根。就像慈濟一樣，每一個會員均有正確的信仰，有信仰才能發揮力量，才能無怨無尤的去貢獻心力。

爲了培養國人宗教的情操與正確信仰的力量，我們建議政府應把宗教信仰列入中小學教材裡頭，唯有從小培養正確的宗教信仰理念，才能與道德的實踐相輔相成，也才能破除具有強烈迷信的一般不正確的民間信仰。政府應一改以往視宗教爲洪水猛獸的不正常心態，先塑造一個有正信宗教的社會，自然就會成爲有道德的社會。

啓示七：重視婦女同胞的力量

婦女同胞的力量是社會最豐富的資源；也是發揮社會福利工作的至巨潛能；尤其婦女同胞與生具來的慈母情懷，是推動社會和諧的偉大力量。慈濟今天所以

能夠成爲社會一股巨大的力量，應歸功於慈濟委員無怨無尤的付出，而慈濟委員中大多數是婦女同胞，她們有的是家庭主婦，有的是職業婦女，她們肩負相夫教子的責任，又擔負利益人羣的工作，這種精神就是淨化人心，和諧社會的重要根源。

禪宗公案的智慧

最崇高的道德顯現在最平凡的生活中

慈濟的經驗說起來相當平凡，並沒有太多驚人之處，但偉大往往寓於平凡之中，道德的理想也是在平凡中體現。現在，臺灣的社會已走到了黑暗與光明的十字路口，是光明、是黑暗，都有賴於我們的抉擇。重整道德絕對不能標新立異，也決不能只唱高調，必須使道德成爲平平凡凡日常生活中的一部分，如此的道德，才具有實踐的意義。

慈濟是佛教的一個慈善團體，當然以佛教爲中心信仰。佛教禪宗有幾則公案，我們現在提出來，或許有助於對問題的思考。

第一則公案

有人問法眼禪師：「什麼是古佛心？」

法眼禪師回答：「是會流出慈悲喜捨的。」

又問：「什麼是真正之道？」

禪師回答：「第一希望教你去行，第二也希望教你去行。」

道就是路，路是用來走的，不是用來說的，道德者何?道者路也;德者得也。通往獲得人我之間和諧、輕安之路，就是道德。要達到道德的功能，就必須力行與實踐。

第二則公案

唐代白居易是位虔誠的佛教徒，有一次他去拜訪當時非常有名的鳥窠禪師，

向烏窠禪師請教高深的佛道。禪師告訴他：「諸惡莫作，眾善奉行。」八個字。

白居易聽了之後很失望的說：「禪師啊！你說的這八個字，三歲小孩也知道啊！」烏窠禪師緩慢的回答說：「三歲小孩都知道，但即使是活到八十歲的老翁都還做不到啊！」

白居易才恍然大悟，佛法不是用來說的，佛法是用來做的。「諸惡莫作，眾善奉行」，八個字只是非常平常，也是非常平凡的道理，但是要確確實實的做到，實在不容易，所以說三歲小兒知得，八十老翁還做不到，可見道德不需要太高深的理論；也不需要太玄妙的道理，最崇高的道德情操往往在最平凡的日常生活中顯現。現在社會最大的弊病就是說理者多，行理者少；論理者多，實踐者少。

第三則公案

馬祖道一禪師在南嶽當沙彌，常常獨自一個人坐枯禪，懷讓禪師知道他有利根，想指引他，於是問他：「大德坐禪圖什麼？」

道一禪師說：「圖作佛。」

懷讓禪師就拿了一塊磚頭在他的座前磨起來，道一覺得奇怪就問：「你磨磚做什麼？」懷讓說：「磨作鏡。」道一說：「磨磚哪裡能夠成鏡！」

懷讓禪師觀機逗教，趁機說：「磨磚既不能成鏡，坐禪豈能成佛？」

道一就請教說：「那要怎樣才能成佛？」

懷讓說：「如用牛拉車，車子不動，是打車呢？還是打牛呢？」

現在道德淪喪，是怪社會呢？還是怪人心？要重建社會道德，是要打車呢？還是打拉車的牛呢？務實才是最重要的，提振社會道德，不從自我人心做起，而一味責怪社會，這就本末倒置了。

第四則公案

石霜禪師早年在山禪師的道場修行當米頭，有一天石霜禪師篩米完畢，正好山禪師經過，並從地上撿起一粒米，就向石霜說：「莫輕這一粒，百千粒盡從這一粒出。」

社會是由每一個人組成的，道德本來就是一種羣己關係，如果每一個人都能檢點自己，每一個人都能不輕視自己，每一個人都能發揮實踐道德的影響力，那麼社會道德自然敦厚了。

現在人們時常掛在口中的一句話是：「誰怕誰？」因為有「誰怕誰」的心態，所以人我之間衝突不斷，糾紛連連，人與人之間充滿仇恨，貪瞋癡使人人本具的佛性與愛心蒙塵，污染了原有的純淨心靈。因此證嚴法師常常告誡我們：「不要比誰怕誰，應該比誰愛誰。」

善與惡就在一念之間，光明與黑暗也在一線之隔。今天要重整臺灣社會道德，就應先從知福、惜福、再造福的心境培養起，進而能知恩、感恩、再造恩。有惜福感恩之心，人我之間才會互信、互諒與互愛。能如此，道德就能不自顯而顯矣，民風就能不自厚而厚矣！

一九九〇年十二月十五日

於台美基金會主辦「道德重整」研討會

心理勵志系列		作者	譯者	定價	備註
BP001x	樂在工作	魏特利　等	尹　萍	220	
BP004	樂在溝通—做個會說話的上班族	白克	顧淑馨	220	
BP006	人生，另一種解答	葆森　等	趙瑜瑞	200	
BP007	與成功有約—全面造就自己	柯維	顧淑馨	220	
BP008	長大的感覺，真好	帕翠生　等	尹　萍	150	
BP009	可以勇敢，也可以溫柔	史克蘿	何亞威	220	
BP010	生涯挑戰101—做工作的主人	迪梅爾　等	李淑嫺	220	
BP011	腦力激進—十二週成長計畫	莎凡　等	李芸玫	220	
BP013	一躍而過	麥考梅克　等	顧淑馨	220	
BP014	愛與被愛	霍克	劉毓玲	200	
BP015	言語之外	培思	廖淑純	200	
BP016	資訊創意家	川勝久	呂美女	200	
BP017	自助保健	希爾絲	邱秀莉	200	
BP018	無壓力工作	克雷區	汪　芸	200	
BP019	自我領航	寇克絲　等	呂芳雪	200	
BP020	生涯定位	四人組	黃孝如	220	
BP021	21世紀工作觀	麥考比	李瑞豐	220	
BP022	全心以赴	柯維	徐炳勳	250	
BP023	樂在談判	貝瑟曼　等	賓靜蓀	220	
BP024	看，錢在說話	亞伯朗斯基	盧惠芬	250	
BP025	魅力，其實很簡單	瑞吉歐	蕭德蘭	220	
BP026	快樂，從心開始	契克森米哈賴	張定綺	250	
BP027	志在奪標	魏特利	邱秀莉	220	
BP028	開拓創意心	辛妮塔	莊勝雄	250	
BP029	有聲有色做溝通	華頓	譚家瑜	250	
BP030	破解工作苦	史崔瑟、西奈	蕭德蘭	220	
BP031	激發決策腦	道森	盧惠芬	250	
BP032	其實你真的聰明	艾波思坦　等	蕭德蘭	250	
BP033	扣準時機的節奏	魏特利	朱偉雄	250	
BP034	夢想，改造一生	布朗	陳秀娟	250	
BP035	全面成功	金克拉	陳秀娟	300	
BP036	駕馭變革十二法則	歐力森	李宛蓉	280	
BP037	心靈地圖(修訂版)	派克	張定綺	250	
BP038	與心靈對話	派克	張定綺	280	
BP039	熱情過活	歐爾	黃治蘋	300	

- 購滿40冊以上，台北市區有專人送書收款。
- 國外訂購價格（含郵費）

航空／歐、美、日等地區　定價×1.8
　　　香港、澳門　　　　定價×1.6
水陸／歐、美、日等地區　定價×1.6
　　　香港、澳門　　　　定價×1.4

- 購買總金額在新台幣1000元（含1000元）以下者，請加付手續費新台幣200元。
- 請以美金支票付款，支票抬頭請開Commonwealth Publishing Co., Ltd.。
- NT.$25.00＝US.$1.00。

天下文化出版公司圖書目錄

社會人文系列		作者	譯者	定價	備註
GB001	我們正在寫歷史——方勵之自選集	方勵之		200	
GB007	請問，總統先生—遠見人物訪談	王力行		200	
GB009	蕭乾與文潔若（上、下册）	文潔若		400	
GB013	尋找台灣生命力	小野		200	
GB014	風雨江山—許倬雲的天下事	許倬雲		220	
GB027	大格局	高希均		220	
GB028	智慧新憲章—著作權與現代生活	理律法律事務所		250	
GB030	美麗共生—使用地球者付費	凱恩格斯	徐炳勳	220	
GB031	第四勢力	張作錦		300	
GB033	尋找心中那把尺	熊秉元		220	
GB034	和平革命	朱高正		220	
GB035	新社會—邁向公平正義	朱高正		200	
GB036	再造傳統—一個知識份子的人文關懷	朱高正		220	
GB037	時代七十年	姜敬寬		250	
GB040	無愧—郝柏村的政治之旅	王力行		360	
GB043	活用消費者保護法	理律法律事務所		280	
GB044	無冕王的神話世界	羅文輝		220	
GB046	最後的貓熊	夏勒	張定綺	320	
GB048	歡喜人間（上）	星雲大師		250	
GB049	歡喜人間（下）	星雲大師		250	
GB050	報人王惕吾－聯合報的故事	王麗美		360	
GB051	燈塔的故事	熊秉元		220	
GB053	電腦叛客	海芙納、馬可夫	尚青松	280	
GB054	觀念播種—高希均文集Ⅰ	高希均		250	
GB055	優勢台灣—高希均文集Ⅱ	高希均		250	
GB056	失控—解讀新世紀亂象	布里辛斯基	陳秀娟	250	
GB059	教育改革的省思	郭為藩		280	
GB060	石油一生—李達海回憶錄	鄧潔華整理		360	
GB061	1895日軍侵台圖紀—台灣民主國抗敵實錄傳	徐宗懋策畫		360	
GB062	務實的台灣人	徐宗懋		300	
GB063	點滴在心頭—42位身邊人談二位蔣總統	朱秀娟訪談		320	
GB064	大家都站著	熊秉元		250	
GB065	惜緣	王端正		220	
GB066	傳燈—星雲大師傳	符芝瑛		360	

社會人文65

惜緣

作　者／王端正
責任編輯／許耀雲
美術編輯／陳敏捷
封面繪圖／小魚
封面題字／房潤德
封面構成／陳敏捷
社　長／高希均
發行人／王力行
法律顧問／陳長文律師　常青國際法律事務所
出版者／天下文化出版股份有限公司
地　址／台北市104松江路87號四樓
電　話／(02)507-8627
直接郵撥帳號／1326703-6號　天下文化出版股份有限公司
電腦排版／極翔企業有限公司
製版廠／利全美術製版股份有限公司
印刷廠／鴻展彩色印刷股份有限公司
裝訂廠／台興裝訂廠
登記證／局版台業字第2517號
總經銷／黎銘圖書有限公司　　電話／(02)981-8089

著作完成日期／1995年5月
出版日期／1995年8月10日第一版
1995年9月15日第一版第3次印行（7,001～10,000本）
定價／220元
Published by Commonwealth Publishing Co., Ltd.

ISBN：957-621-274-X

※本書如有缺頁、破損、裝訂錯誤，請寄回本公司調換。

國立中央圖書館出版品預行編目資料

惜緣 / 王端正著；--第一版 · --臺北市：天下文化出版；[臺北縣三重市]：黎銘總經銷，1995[民84]

面；　　公分.--(社會人文；65)

ISBN 957-621-274-X（平裝）

1.佛教-弘法

225.5　　84007101